Lieber Gast,

wir freuen uns, dass Sie in den dreißig Jahren unseres Bestehens der Alten Scheune Ihre Treue bewiesen haben. Dafür möchten wir allen Liebhabern unseres Hauses herzlich danken.

Mögen die Bilder in diesem Buch an Genuss und Erholung erinnern und Sie den Alltag vergessen lassen.

Wir nehmen unser Jubiläum ebenso wie jeden Tag zum Anlass, Sie auch weiterhin mit allem Engagement in unsere Welt zu entführen und zu verwöhnen.

Ihr Landhaus Alte Scheune Team

SILKE MARTIN ERNST WRBA

EINE KULINARISCHE ENTDECKUNGSREISE

Frankfurt & Umgebung

KONTRASTREICH: BLICK AUF DIE FRANKFURTER ALTSTADT MIT DER PAULSKIRCHE UND DIE HOCHHÄUSER DES BANKENVIERTELS

INHALT

IM HERZEN DES BERÜHMTEN WEINANBAUGEBIETS RHEINGAU: OESTRICH-WINKEL MIT DER KIRCHE ST. ÄGIDIUS

1

Karte
FRANKFURT & UMGEBUNG

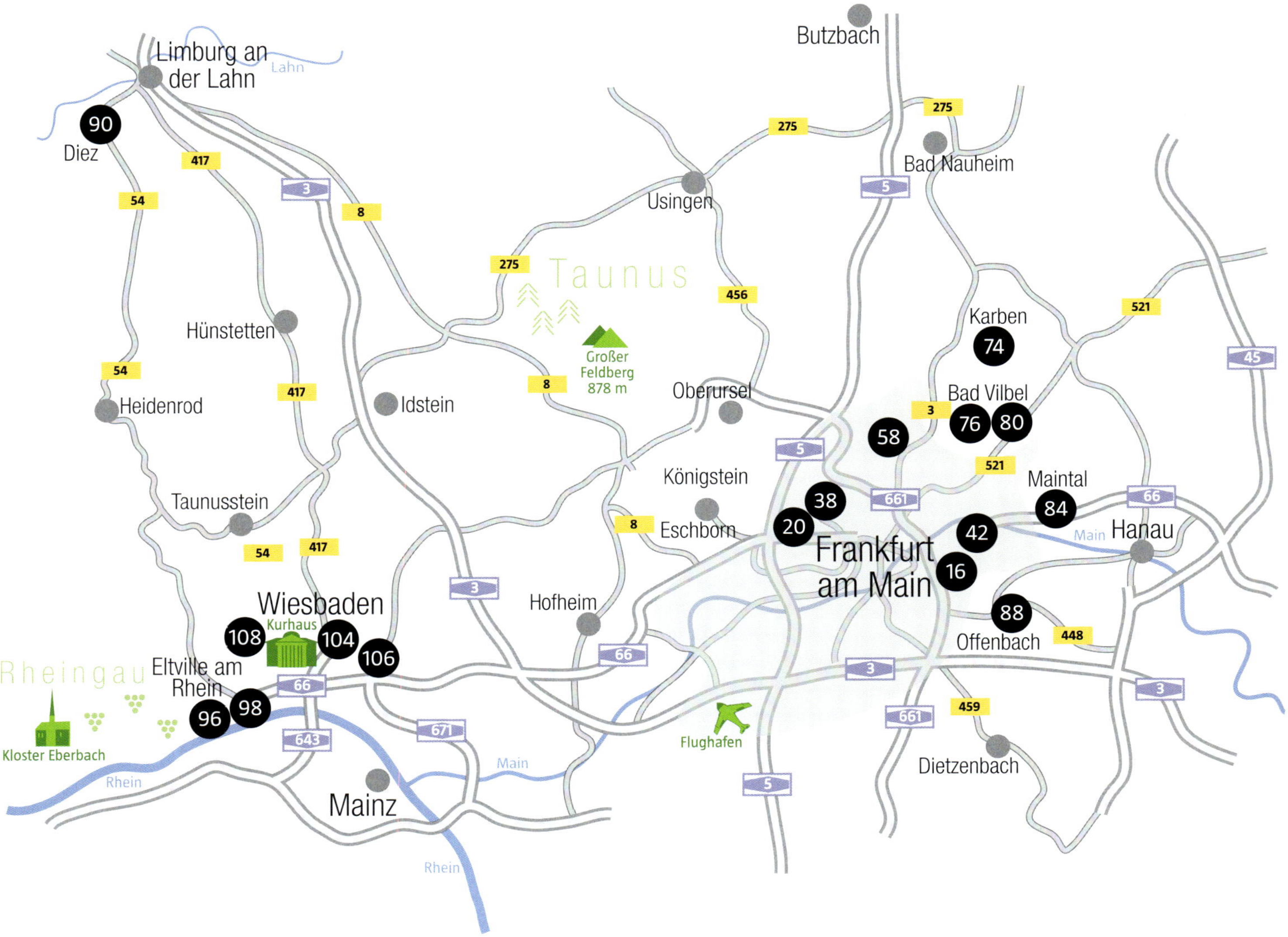

25 Die Zahlen in der Karte sind identisch mit den Seitenzahlen der verschiedenen Betriebe in diesem Buch und zeigen ihre Lage in der Region oder Stadt.

Auf dem einfachsten Weg zu den spannendsten Adressen der Region! Neben jedem Kundenporträt finden Sie einen QR-Code. Beim Einscannen dieses QR-Codes erstellt sich automatisch ein Eintrag in Ihrem Smartphone mit allen relevanten Daten wie Adresse, E-Mail, Internetadresse, Telefonnummer. Mittels eines Routenplaners lässt sich anhand dieser gespeicherten Daten eine Route durch die Region oder Stadt erstellen.

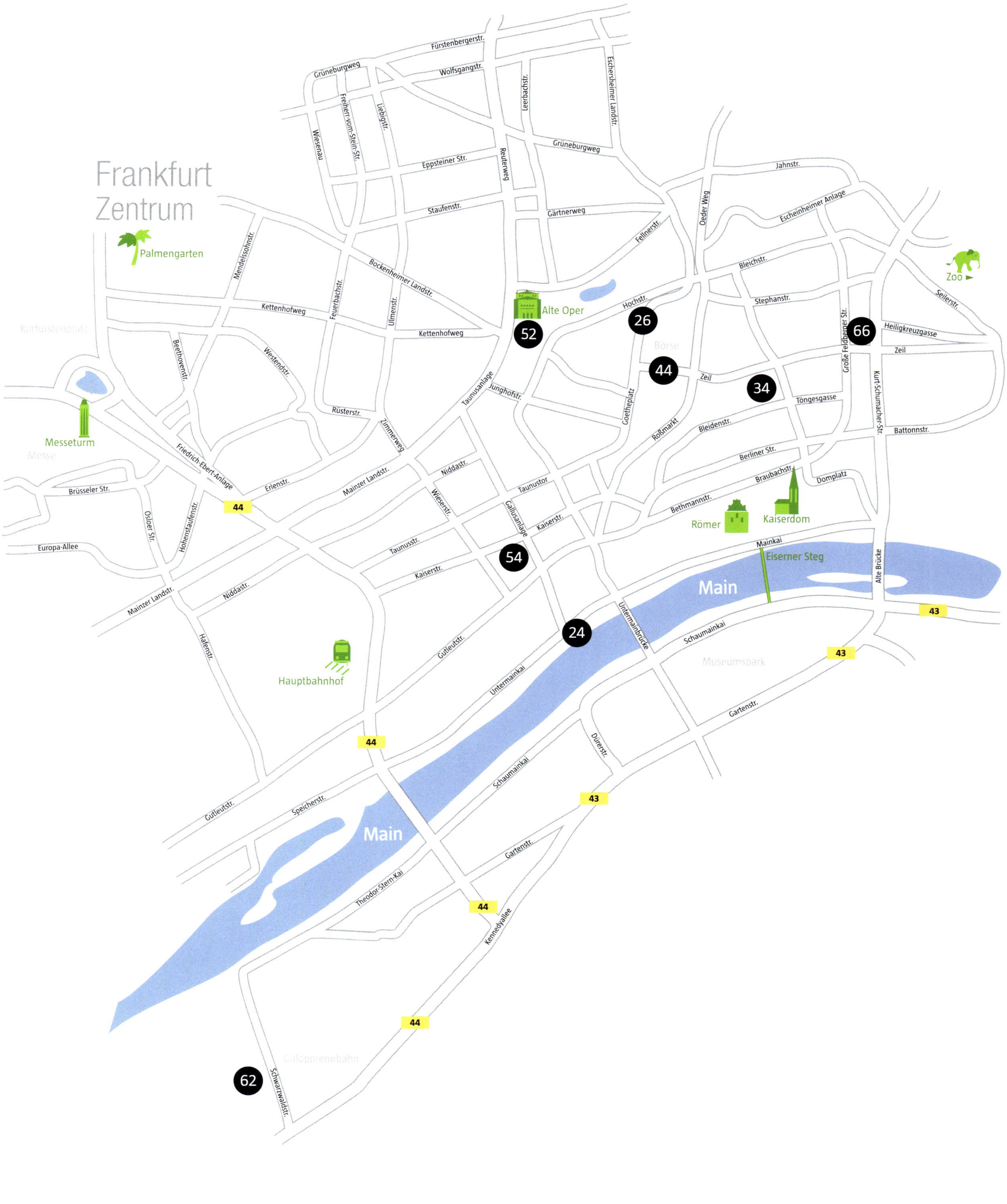
Frankfurt
Zentrum
Palmengarten
Messeturm
Messe
Kurfürstenplatz
Alte Oper
Börse
Römer
Kaiserdom
Eiserner Steg
Zoo
Hauptbahnhof
Museumspark
Galopprennbahn
Main
Main
Fürstenbergerstr.
Grüneburgweg
Wolfsgangstr.
Eschersheimer Landstr.
Leerbachstr.
Freiherr-vom-Stein-Str.
Liebigstr.
Wiesenau
Reuterweg
Grüneburgweg
Eppsteiner Str.
Staufenstr.
Gärtnerweg
Jahnstr.
Oeder Weg
Fellnerstr.
Eschenheimer Anlage
Mendelssohnstr.
Bockenheimer Landstr.
Feuerbachstr.
Ulmenstr.
Kettenhofweg
Kettenhofweg
Bleichstr.
Stephanstr.
Hochstr.
Seilerstr.
Heiligkreuzgasse
Große Friedberger Str.
Zeil
Zeil
Beethovenstr.
Westendstr.
Taunusanlage
Junghofstr.
Goetheplatz
Töngesgasse
Kurt-Schumacher-Str.
Battonnstr.
Rüsterstr.
Zimmerweg
Roßmarkt
Bleidenstr.
Friedrich-Ebert-Anlage
Berliner Str.
Braubachstr.
Domplatz
Niddastr.
Brüsseler Str.
Erlenstr.
Mainzer Landstr.
Taunustor
Wieserstr.
Bethmannstr.
Osloer Str.
Hohenstaufenstr.
Gallusanlage
Kaiserstr.
Europa-Allee
Taunusstr.
Kaiserstr.
Mainkai
Alte Brücke
Mainzer Landstr.
Niddastr.
Untermainbrücke
Hafenstr.
Gutleutstr.
Schaumainkai
Untermainkai
Gartenstr.
Dürerstr.
Schaumainkai
Gutleutstr.
Speicherstr.
Gartenstr.
Theodor-Stern-Kai
Kennedyallee
Schwarzwaldstr.
44
44
44
44
44
43
43
43
52
26
66
44
34
54
24
62

GESCHICHTSTRÄCHTIGES WAHRZEICHEN DER STADT: DER RÖMER, DAS RATHAUS VON FRANKFURT

VORWORT

Frankfurt ist anders, jeden Tag. Wenn Sie das lesen, hat es sich schon wieder verändert. Auch das ist eine Art Verlässlichkeit." Dies schrieb die Schriftstellerin Eva Demski über die Stadt, in der sie lebt. Und auch: „Eine Weltstadt, die aus Dörfern besteht." Diese Beschreibung bringt es auf den Punkt. Hier trifft urbanes Lebensgefühl auf ländliche Gelassenheit. Jeder der 43 Stadtteile hat seinen ganz eigenen Charakter, mal geprägt von rauem Industriecharme, mal von behaglicher Gemütlichkeit. Pittoreskes Fachwerk hier, farblose Wohnblocks dort. In den Glasfassaden der Bankentürme spiegeln sich die Mauern herrschaftlicher Gründerzeitvillen, Shopping- und Rotlichtmeilen liegen dicht beieinander, neben denkmalgeschützten Arbeiterkolonien gibt es dörflich geprägte Stadtteile ebenso wie exklusive Nobelviertel.

Frankfurt war seit jeher als wichtiger Messeplatz und Handelsstandort ein multikultureller Schmelztiegel, über den Johann Wolfgang von Goethe – der große Sohn der Stadt – schrieb: „In einer Stadt wie Frankfurt befindet man sich in einer wunderlichen Lage, immer sich kreuzende Fremde deuten nach allen Weltgegenden hin und erwecken Reiselust."

Nach wie vor kommen Menschen aus aller Welt an den Main, um hier zu leben und zu arbeiten. Diese Vielfalt findet sich auch in der Gastronomielandschaft wieder. Traditionsreiche Apfelweinwirtschaften, kosmopolitische Restaurants, die Gerichte aus aller Herren Länder auf den Tisch bringen, weltläufige Grandhotels, alteingesessene Familienbetriebe, bunte Wochenmärkte und die beliebt-belebte Kleinmarkthalle, die Spezialitäten der Region feilbieten … all dies zeichnet die kulinarische Landschaft Frankfurts aus. Tauchen Sie ein in die bunte, lebendige, vielfältige Stadt Frankfurt am Main. Und seien Sie gewiss: Diese Stadt, deren besonderer Reiz sich meist erst auf den zweiten Blick offenbart, wird Sie immer wieder aufs Neue überraschen.

Herzlich willkommen in meiner Heimatstadt
Ihre Silke Martin

WELTOFFENHEIT MIT TRADITION: WOLKENKRATZER HINTER DER PAULSKIRCHE UND DEM DOM (O.), FLAGGEN AUF DEM MESSEGELÄNDE (RECHTE SEITE, L.) UND ATLAS AUF DEM DACH DES FRANKFURTER HAUPTBAHNHOFS (R.)

ZWISCHEN HISTORIE & MODERNE

Frankfurt, Hessens größte Stadt, ist eine vielseitige, bunte Metropole

Woran denkt man, wenn man den Namen Frankfurt hört? Na klar, an Banken und Börse, Skyline und Airport, wichtige Leitmessen wie die Buchmesse oder die Internationale Automobilausstellung IAA. Diese Konnotationen sind auch völlig korrekt, aber sie sind eben nur ein Teil dieser geschichtsträchtigen und spannenden „kleinen Weltmetropole". Als einzige Stadt Deutschlands gehört sie nämlich zu den sogenannten Alpha-Weltstädten mit überragender globaler Bedeutung – wie London, New York oder Hongkong.

Viele Besucher, die zum ersten Mal an den Main kommen, wundern sich erst mal darüber, wie außerordentlich grün es hier ist. Der Frankfurter Grüngürtel, ein Landschaftsschutzgebiet, macht ein Drittel des gesamten Stadtgebiets aus. Ruhe findet man auch in Naturidyllen wie der Schwanheimer Düne, eine der letzten europäischen Binnendünen überhaupt, in den Nidda-Auen oder im Enkheimer Ried, einem früheren Alt-Arm des Mains. Auszeiten vom Alltag bieten zudem die zahlreichen, zum Teil historischen Parks, beispielsweise der barocke Bolongaro-Garten, der Brentano- oder der Solmspark. Selbst die meisten Friedhöfe sind wie ein Landschaftspark konzipiert.

Frankfurts Zoo ist einer der ältesten der Welt und wurde vor allem durch seinen langjährigen Direktor Professor Bernhard Grzimek bekannt, der wesentlich zu einer artgerechteren Tierhaltung in Zoos beitrug. Die ganze Welt der Botanik bietet seit 1868 der Palmengarten mit seinen exotischen Pflanzen, Bäumen und Blumen von allen fünf Kontinenten, vom subtropischen Palmenhaus und dem Tropicarium bis zum Subantarktishaus.

Der besondere Reiz der Stadt liegt in dem direkten Aufeinanderprallen von historischen Gebäuden und modernster Hochhausarchitektur. Von der langen Stadtgeschichte, die mit der ersten urkundlichen Erwähnung 794 durch die Franken offiziell begann, ist indes nicht viel erhalten geblieben. In den Bombennächten des Zweiten Weltkriegs wurde die Innenstadt zu 70 Prozent zerstört, darunter auch die rund 3000 Fachwerkhäuser in der damals größten

zusammenhängenden Altstadt Deutschlands. Ein einziges blieb erhalten, das prächtige Haus Wertheym am Fahrtor unweit des Eisernen Stegs, eine der rund 20 Brücken, die über den Main führen. Der Römer, seit 1405 das Rathaus der Stadt, und das ihn umgebende Gebäudeensemble auf dem Römerberg wurden originalgetreu wiederaufgebaut. Weitere Bestrebungen, die Altstadt in Teilen zu rekonstruieren, mündeten in das ambitionierte Projekt „DomRömer-Quartier". Sukzessive werden nun 35 Altstadthäuser, davon 15 im Fachwerkstil, originalgetreu wiedererrichtet, zum Beispiel das Haus zur Goldenen Waage und das Haus zum Esslinger – ein Stück Stadtgeschichte wird damit wieder erlebbar.

Diese kann man besonders hautnah im Kaiserdom erleben, ein Schauplatz ganz großer Geschichte. Eigentlich ist die katholische Pfarrkirche St. Bartholomäus gar kein Bischofssitz. Doch da in dem Sakralbau, der ab Mitte des 13. Jahrhunderts errichtet wurde, die Könige und Kaiser des Heiligen Römischen Reiches Deutscher Nation gewählt und gekrönt worden sind, gelangte der filigrane Natursteinbau mit dem 95 Meter hohen Westturm, den man auf 324 Stufen erklimmen kann, zu seinem Namen.

Die Wiege der deutschen Demokratie steht in der Paulskirche, 1833 als evangelisch-lutherische Hauptkirche erbaut. Mit ihrer großen elliptischen Halle eignete sich der zu seiner Zeit modernste Saal der Stadt perfekt als Versammlungsort für das erste deutsche Parlament, die Nationalversammlung, die hier die erste demokratische Verfassung für das gesamte deutsche Volk beschloss. Heute ist sie ein würdiger Rahmen für Veranstaltungen. So wird hier der Friedenspreis des Deutschen Buchhandels und der Goethepreis der Stadt Frankfurt verliehen.

Apropos Goethe: Der große Dichter ist der berühmteste Sohn der Stadt, sein Geburtshaus im Großen Hirschgraben sowie das benachbarte Goethe-Museum gehören zu den meistbesuchten Sehenswürdigkeiten. Die spätbarocke Einrichtung gibt einen anschaulichen Einblick in das Lebensumfeld der Familie Goethe. Im Studierzimmer entstanden Werke wie „Götz von Berlichingen" und „Die Leiden des jungen Werther".

Doch nicht Literatur, sondern Architektur ist heute verantwortlich für die Prominenz der Mainmetropole in den Augen der Welt. Die beeindruckende Skyline, welche die Stadt so unverwechselbar macht, ist das besondere Markenzeichen Frankfurts. Zu den schönsten „Wolkenkratzern" gehören der 258 Meter hohe Commerzbank-Tower mit seinen Turmgärten, die unterschiedliche Vegetationsformen abbilden, das Main-Plaza sowie der Messeturm, die an New Yorker Hochhäuser der 1920er-Jahre erinnern, der Westhafen-Tower, den die Einheimischen liebevoll Geripptes nennen, weil er mit seinen 3500 Glasdreiecken an ein Apfelweinglas erinnert, der verschachtelte Gebäudekomplex NEXTOWER, der das historische Palais Thurn und Taxis schützend zu umrahmen scheint, und nicht zuletzt der 200 Meter hohe Main-Tower mit der einzigen öffentlichen Besucherplattform. Von hier aus kann man Frankfurt überblicken mit all seinen offensichtlichen und versteckten schönen Seiten, wie sie jede große Persönlichkeit in sich vereint.

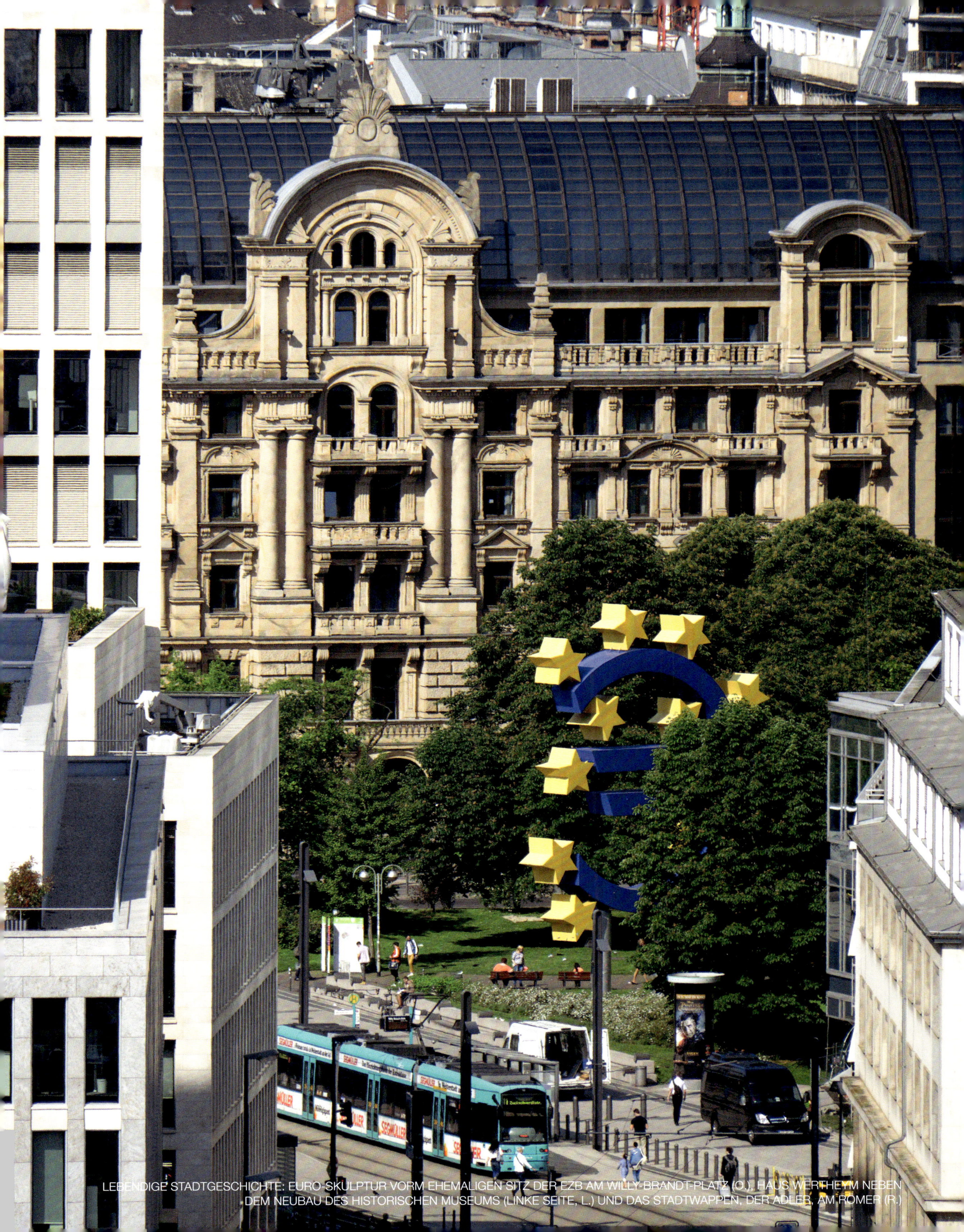

LEBENDIGE STADTGESCHICHTE: EURO-SKULPTUR VORM EHEMALIGEN SITZ DER EZB AM WILLY-BRANDT-PLATZ (O.), HAUS WERTHEYM NEBEN DEM NEUBAU DES HISTORISCHEN MUSEUMS (LINKE SEITE, L.) UND DAS STADTWAPPEN, DER ADLER, AM RÖMER (R.)

„MAINHATTAN" AT ITS BEST: SKYLINE VON FRANKFURT IN DER ABENDDÄMMERUNG

PERFEKTION ALS ANSPRUCH

Der Name Varvani steht für international anerkannte Filmkunst

„Ich habe keine Angst davor, Dinge zu machen, die noch keiner gemacht hat. Denn nur so entsteht etwas, das völlig neuartig und vielleicht wegweisend ist." Ein selbstbewusster Satz von einem Mann, der sich ebenso facettenreich präsentiert wie die Projekte, die er realisiert. In seinem Herzen und in seinem Tun vereint der 1969 in Teheran geborene Kreative Perfektion und Professionalität mit visionären Ideen.

Seine Wahlheimat ist ihm dabei besonders wichtig. „Ich lebe gerne in Frankfurt, ich finde hier gute Bedingungen zum Arbeiten, ich bin hier zu Hause. Dafür möchte ich der Stadt und der Region etwas zurückgeben. Ich will Frankfurt bestmöglich inszenieren und den Menschen zeigen, welches Potenzial in dieser Stadt steckt."

Nicht zuletzt beschäftigt Mehdi Varvani in seiner Kreativagentur, die im architektonisch eindrucksvollen UFO-Lofthaus beheimatet ist, auch rund 30 Mitarbeiter, die seine Visionen umsetzen. Von der ersten Idee über den Dreh bis hin zum Soundtrack und dem finalen Schnitt liefert das Unternehmen alles aus einer Hand.

Mit 25 Jahren kam der heute 48-jährige Iraner nach Deutschland. Hier fand er schnell einen Einstieg in die TV-Branche. Er begann als Praktikant, arbeitete sich rasant zum jüngsten Chef-Kameramann Deutschlands hoch. Als der Wunsch, ganz unabhängig und frei zu arbeiten, immer stärker wurde, machte er sich selbstständig, kaufte das nötige Equipment, holte sich Spezialisten in sein Team.

Aufträge akquirieren muss er längst nicht mehr. Der Name Varvani steht für außergewöhnliche Filmkunst, für handwerkliche Präzision, aber vor allem für eine anspruchsvolle Ästhetik in der Bildsprache. Wer ihn anfragt, weiß, dass am Ende des Entwicklungsprozesses, der wenige Tage, aber auch mehrere Monate dauern kann, das perfekte Ergebnis steht. Dieses Vertrauen gibt ihm die Freiheit, quasi „aus der Leere des Raumes" ungewöhnliche Ideen zu entwickeln, eindrückliche Geschichten zu erzählen, die Emotionen wecken.

Zu seinen Auftraggebern gehören Global Player wie die Steigenberger Hotel Group und die Gekko Group, das Design-Hotel Roomers, Facebook Deutschland, Porsche, Audi, GM und Land Rover ebenso wie lokale Institutionen, etwa das Hessische Wirtschaftsministerium, die Volksbank Dreieich, das Frankfurter Schauspiel, das Skulpturen-Museum Liebieghaus und der Fußballverein Eintracht Frankfurt.

Festlegen will sich Varvani aber nicht, ständig arbeitet er an neuen innovativen Konzepten. Gerade entwickelt er ein Premium-Magazin für Luxus-Marken, „Varvani Touch", ein Action-Film fürs Kino ist in Planung. „Spaß macht mir die Arbeit vor allem dann, wenn wir mit unseren Kunden zu einem Team verschmelzen, wenn wir gemeinsam ausloten, wo wir hinwollen. Das gilt für Städel oder Schirn als wichtige Kulturinstitutionen in Frankfurt ebenso wie für Lufthansa oder Charity-Organisationen in Indien und Afrika. Wir fühlen uns bestätigt in unserem Tun, wenn unser Auftraggeber am Ende sagt: Das ist der beste Film, den es je über uns gab."

Mit weniger als dem Besten gibt sich Mehdi Varvani auch nicht zufrieden. Seine Arbeit endet erst dann, wenn er dieses Ziel erreicht hat. „Die Marke des Kunden wird zu meiner Marke. Ich identifiziere mich damit. Der fertige Film ist sowohl für den Auftraggeber als auch für mich eine perfekte Visitenkarte."

Varvani sieht sich nicht als Dienstleister, sondern als Kooperationspartner. Nicht selten werden aus einem Projekt langjährige Geschäftsbeziehungen, werden aus Auftraggebern Freunde.

Die Achtung vor seinem Tun ist ihm gewiss, doch darauf ruht er sich nicht aus. Er gleicht eher einem ständig Rastlosen, der nicht anders kann, als seine kreative Kraft in Projekten umzusetzen. „Ich lerne jeden Tag etwas dazu, das mich und meine Arbeit bereichert", sagt Mehdi Varvani mit einem Blick auf das eindrucksvolle Porträt seines Vaters über dem Schreibtisch: ein Bohemien mit lässiger Zigarette im Mundwinkel, in dessen Augen die gleiche Leidenschaft für das Außergewöhnliche brennt, wie sie sein Sohn heute lebt.

VARVANI GMBH
Mehdi Varvani
Carl-Benz-Straße 21
60386 Frankfurt am Main
Telefon 0 69 / 90 75 50 15
info@varvani.tv
www.varvani.tv

tigha

DER APFEL IM FOKUS

In Schuch's Restaurant dreht sich alles um den Apfel

SCHUCH'S ÄPPELWOI-HINKELCHEN

Dieses Rezept finden Sie auf Seite 112

Der Apfel ist der Deutschen liebstes Obst, keine andere Frucht wird hierzulande so häufig und gern verzehrt. Schließlich ist er ein echter kulinarischer Alleskönner. Er schmeckt pur, auf dem Kuchen oder als Kompott, als Bratapfel im Winter und natürlich auch als Saft oder Wein. Auch im traditionsreichen Restaurant der Familie Schuch im Frankfurter Stadtteil Praunheim spielt der Apfel die unangefochtene Hauptrolle im Genussprogamm und ist der erklärte rote Faden im kulinarischen Angebot.

Das mit viel warmem Holz gestaltete Ambiente zeigt sich lichtdurchflutet, vor allem im gläsernen Apfelgarten mit dem täuschend echt aussehenden Apfelbaum in seiner Mitte. Und auch sonst fallen in den Räumlichkeiten überall kleine und größere „apfelige" Accessoires ins Auge … Wenn es draußen wärmer wird, darf man im Hof rund um die über 150 Jahre alte Kastanie Platz nehmen.

Die Familienhistorie reicht noch weiter zurück. 1725 erwarben die Brüder Adam und Zacharias Schuch das Grundstück unweit der Niddabrücke und erbauten ein Fachwerkhaus mit Landwirtschaft. Bald galt der Name Schuch als Synonym für Hausmacherwurst, Bauernbrot, Selbstgebranntes und natürlich Apfelwein, das Traditionsgetränk der Frankfurter. 1850 eröffnete Andreas Schuch eine kleine Wirtschaft in seinem Haus, indem er die Wohnstube zur Gaststätte umbaute. Die Landwirtschaft wurde später aufgegeben, der Gastronomie blieb die Familie aber treu. Heute führt Jürgen Schuch in fünfter Generation gemeinsam mit Tochter Julia, die für den Service verantwortlich zeichnet, den Traditionsbetrieb. Sohn Marcus ist noch in der Kochausbildung.

Jürgen Schuch hat viel Erfahrung in der Branche. Er absolvierte eine Ausbildung zum Hotelkaufmann sowie zum Koch und bildete sich stetig weiter, unter anderem als Eventmanager. Vor genau 30 Jahren, 1987, stieg er dann in den elterlichen Betrieb ein. „Aber es war mir wichtig, die Apfelweinwirtschaft nicht einfach mit dem Hausschoppen und rustikalen Vespergerichten weiterzuführen, sondern unseren Gästen eine größere und feinere Sortenvielfalt an Apfelweinen und eine dazu pas-

sende Küche zu bieten." So etablierte er ein anspruchsvolles regionales Restaurant mit einem inzwischen sehr variantenreichen Apfelweinsortiment. Sämtliche Apfelweine können übrigens in der kleinen Pomothek im Restaurant verkostet und erworben werden. Auch Events wie der Hessische Apfelweinabend mit mehrgängigem Degustationsmenü drehen sich rund um den Protagonisten des Hauses.

Das eingespielte Vater-Tochter-Team hat sich mit einem guten Gespür für moderne Gastlichkeit aufgestellt. Die saisonal ausgerichtete Speisenauswahl zeigt sich frisch und kreativ, bindet internationale Einflüsse ein, ohne die Heimat zu verleugnen. Der Apfel akzentuiert die Gerichte mit seiner feinen Fruchtigkeit und erweist sich als ebenbürtiger Partner. So zum Beispiel beim Hühnchen-Saltimbocca auf Cidresauce, bei Schweinelendchen mit Apfelsenfkruste in Calvados-Rahmsauce mit Apfel-Kartoffel-Kroketten oder auch beim Lammragout mit Apfel-Gnocchi. Und zum Dessert gibt es ofenwarmen Apfel-Crumble oder eine Vanille-Pannacotta mit Apfelwein-Quitten-Gelee.

Im Glas zeigt sich der Apfel ebenfalls in all seinen Facetten. Das Keltern lernte Jürgen Schuch schon vom Vater. Über die Jahre hat er sein Können stetig erweitert und verfeinert. Neben dem Hausschoppen gibt es sortenreinen Boskoop, Apfel-Quitte, Goldparmäne mit Trierer Weinapfel oder Roten Apfelwein, eine Cuvée aus Boskoop und Goldparmäne mit Holunderbeeren und Speierling. Zum Aperitif laden Apfel-Sherry, Apfel-Secco und köstliche Cocktail-Variationen. Und nicht zuletzt gibt es noch den KultApfel, die hiesige Variante des französischen Cidre, der in Kooperation mit den „Hessischen Wirtshauskelterern" entstanden ist, sieben befreundete Apfelwein-Enthusiasten, zu denen – natürlich – auch Jürgen Schuch zählt.

Fazit: Schuch's Restaurant ist ein überzeugender Botschafter der hessischen Apfelweinkultur. Es schreibt die kulinarische Apfelweingeschichte fort und hält die Tradition mit zeitgemäß-köstlichen Ideen am Leben.

SCHUCH'S RESTAURANT
Jürgen & Julia Schuch
Alt Praunheim 11
60488 Frankfurt am Main
Telefon 0 69 / 76 10 05
info@schuchs-restaurant.de
www.schuchs-restaurant.de

Schuch's
Hausschoppen
2015
enthält Sulfite
1,0 l

HERRLICH UNAUFGEREGT

Mediterrane Oase in Mainhattan: das Restaurant MainNizza

ULIS HIMBEER-TRAUM
Dieses Rezept finden Sie auf Seite 113

Er ist der unbestreitbare Protagonist der Szene: der weite Panoramablick auf den ruhig dahinfließenden Main und das gegenüberliegende Museumsufer. Das Restaurant MainNizza, das dem Gast diesen Blick beschert, gehört sicherlich zu den schönsten Fleckchen der Frankfurter City.

Ulrich Melchior und Hardy Schranz haben sich 2012 sofort in diesen geschichtsträchtigen Ort verliebt und nur allzu gerne die Herausforderung angenommen, einen kulinarisch lange Zeit vernachlässigten Ort in eine der inzwischen interessantesten Gastronomieadressen der Stadt zu verwandeln. Sie haben das Gebäude aufwendig saniert und edel herausgeputzt. So umfasst das lichtdurchflutete Restaurant mit bodentiefen Glasfronten eine große Sonnenterrasse, in der Beletage im ersten Stock Räumlichkeiten für Veranstaltungen aller Art, von der Tagung bis zur Hochzeit, und nicht zuletzt den gemütlichen Sommergarten direkt am Flussufer. Er liegt zwischen Untermain- und Friedensbrücke in der „Nizza" genannten Parkanlage, die dem Haus seinen Namen gab und mit bunten Blumenrabatten und mediterranen Palmen auch durchaus südfranzösisches Flair verströmt.

„Wir sind das neue Wohnzimmer Frankfurts", so Uli Melchior lächelnd, „und wir verstehen uns in erster Linie als Gastgeber, die alles dafür tun, dass sich jeder bei uns wohlfühlt. Familien, Geschäftsleute, Menschen, die hier tagen oder feiern, Besucher aus dem Ausland, aber natürlich auch die Frankfurter, die diesen Ort wieder für sich entdecken." Und Partner Hardy Schranz ergänzt: „Regional – national – international – so ist das MainNizza, so ist unsere Küche – so ist Frankfurt."

„Unsere Gerichte sind eher unkompliziert, aber unsere Grundprodukte von hoher Qualität, und wir kombinieren sie gerne kreativ", unterstreicht Uli Melchior das kulinarische Konzept. Das beweisen Klassiker der hessischen Küche wie Tatar vom Handkäse oder ein geeister Frankfurter Kranz ebenso wie original Wiener Schnitzel, Fischsuppe nach Bouillabaisse-Art oder ein zartes Kotelett vom Thüringer Duroc-Schwein. So lecker schmeckt's … in Frankfurts schönem Wohnzimmer!

MAINNIZZA
Ulrich P. Melchior & Hartmut Schranz
Untermainkai 17
60329 Frankfurt am Main
Telefon 0 69 / 26 95 29 22
restaurant@mainnizza.de
www.mainnizza.de

PURO
OJO DE AGUA
DRY GIN

IM AUGE DES WASSERS

Fleischgenuss in Vollendung im Restaurant OJO DE AGUA

Schon das Zuhause des Restaurants OJO DE AGUA in der Frankfurter Hochstraße ist eine echte Rarität. Das historische Steingebäude von 1815 nimmt sich wie ein Exot inmitten der es umgebenden gläsernen Hochhäuser aus. Und grenzt direkt an einen Rest der mittelalterlichen Staufenmauer, die ab Ende des 12. Jahrhunderts die Frankfurter Altstadt umgab. Damit ist es ein echtes Stück Stadtgeschichte. Im Inneren zeigt sich ein edel-rustikales Ambiente, in dem weniger mehr ist und die freigelegte Bruchsteinmauer genug Aura hat, sodass sie nur von einzelnen, aber stimmigen Details im Gastraum ergänzt wird.

Dies ist der Schauplatz eines außergewöhnlichen Gastronomiekonzeptes, das bewusst eine Nische in der bunten kulinarischen Landschaft besetzt. Der Mann hinter dem Konzept ist kein Unbekannter: Dieter Meier, vielseitiger Künstler, erfolgreicher Unternehmer und bekannt geworden als Mitbegründer des wegweisenden Elektropop-Duos Yello, das unter anderem mit dem Hit „The Race" weltweite Erfolge feierte. Seit vielen Jahren besitzt er eine große Farm in Argentinien, wo er, zusammen mit anderen Farmern, Black-Angus- und Hereford-Rinder züchtet, die ganzjährig durch die Weiten der Pampa ziehen, sich an saftigen Gräsern satt fressen und damit ein artgerechtes Leben führen dürfen. Dies spiegelt sich nicht zuletzt im außergewöhnlichen Geschmack ihres Fleisches wider.

In der Provinz Mendoza, dem größten Weinanbaugebiet des Landes, betreibt Meier des Weiteren ein Weingut, wo der bekannte argentinische Önologe Marcelo Pelleriti für charakterstarke Weiß-, Rot- und Roséweine und vielschichtige Cuvées verantwortlich zeichnet.

Um dieser perfekten Harmonie von Fleisch und Wein eine kulinarische Bühne zu geben, eröffnete Meier 2003 in seiner Heimatstadt Zürich das Restaurant OJO DE AGUA. Maximilian Graf von Saurma und Moritz Graf zu Stolberg haben das Konzept nun auch in Deutschland etabliert. Schon kurz nach seiner Eröffnung im Dezember 2013 avancierte das OJO DE AGUA zum Geheimtipp, inzwischen hat es sich fest in seiner Nische etabliert. 2015 folgte eine zweite Dependance in Berlin.

Ein Steakhaus ist das OJO DE AGUA indes nicht. Der Namenszusatz „Wine & Beef Kontor“ erinnert an die hanseatische Kaufmannstradition, und so können hier die meisten Köstlichkeiten auch erworben werden. Herausragender Protagonist auf der „kürzesten Speisekarte Frankfurts“ ist das Premiumfleisch aus Argentinien: als Filet oder Roastbeef, Ersteres in zwei bis drei dickere Scheiben tranchiert, das Roastbeef dünn aufgeschnitten, nur mit ein wenig Meersalz bestreut. Dazu gibt es Salat, knuspriges Brot sowie hausgemachte feurige Chimichurri und buttrigcremige Sauce Café de Paris.

Die Art der Zubereitung macht die Frage nach dem Gargrad, also etwa rare oder medium, obsolet. Das Fleischstück wird zunächst kurz angebraten und gart dann für zwei Stunden bei niedriger Temperatur in sogenannten Hold-o-maten. Anschließend ruht es noch mindestens für eine Stunde. Diese sehr zeitintensive Niedertemperaturmethode gewährleistet, dass der Fleischsaft im Fleisch verbleibt und sich der volle Geschmack, unbeeinflusst von Röst- oder Grillaromen, entfaltet. Die Textur ist besonders zart, der Geschmack unvergleichlich intensiv.

Natürlich gibt es dann doch noch etwas mehr zu entdecken auf der Speisekarte. Als Vorspeisen stehen Köstlichkeiten wie handgeschnittenes, unverwechselbares Tatar, Palmherzen mit Tomaten-Trüffel-Chutney oder wunderbarer Pata-Negra-Schinken vom spanischen Iberico-Schwein zur Auswahl. Zum Dessert verlocken etwa ein Iced Vanilla Espresso oder hausgemachter Dulce-de-leche-Cheesecake.

Zu diesen Gourmandisen erweisen sich die Weine der beiden Linien OJO DE AGUA und PURO als würdige Partner. Nicht wenige Gäste nutzen die Möglichkeit, die Tropfen im Weinkeller des denkmalgeschützten Hauses zu verkosten und gleich ein paar Flaschen mitzunehmen.

Ein letztes Wort noch zur Namensgebung: Die Wasserlöcher in der argentinischen Steppe, aus denen die Rinder trinken, um ihren Durst zu stillen, nennen die Einheimischen OJO DE AGUA – Auge des Wassers. Hier in Frankfurt bedeutet das Auge des Wassers Hochgenuss der Extraklasse.

OJO DE AGUA
Maximilian Graf von Saurma &
Moritz Graf zu Stolberg
Hochstraße 27
60313 Frankfurt am Main
Telefon 0 69 / 92 02 05 10
frankfurt@ojodeagua.de
www.ojodeagua.de

OJO DE AGUA

TYPISCHER GEHT'S NICHT: EIN GUTES GLAS WEIN ZUR RUSTIKALEN BROTZEIT (O.), HANDKÄS MIT MUSIK, BEGLEITET VON EINEM BEMBEL MIT EBBELWOI (RECHTE SEITE)

SO SCHMECKT'S IN FRANKFURT

Kulinarische Geschichten von Bethmännscher, Stöffche und Grie Soß

Um es gleich vorwegzunehmen: Die Frankfurter Küche ist nicht gleichzusetzen mit der hessischen Küche. Letztere variiert von Region zu Region, ist aber im Grunde eine einfache Landküche, die sich der Zutaten bedient, die es überall gab: Kartoffeln, Mehl, Eier und Milch, einfache Gemüsesorten wie Kohl, Zwiebeln und Rüben, dazu etwas Speck oder Hausmacherwurst, nur an Schlachttagen kam mehr Fleisch auf den Tisch.

Die Frankfurter Küche unterscheidet sich indes erheblich von dieser rustikalen Stilistik. Die Frankfurter lebten in einer bedeutenden Handels- und Messestadt, die Besucher aus aller Welt zu Gast hatte. So fanden exotische Gewürze und Zutaten aus fernen Landen ihren Weg in hiesige Küchen. Und der Geldadel der Stadt – die reichen Kaufmanns- und Bankendynastien wie die Bethmanns, Metzlers und Rothschilds – konnte es sich leisten, erlesene und teure Delikatessen auf den Tisch zu bringen.

Ein gutes Beispiel dafür sind die süßen Bethmännchen, die vor allem in der Weihnachtszeit gebacken, aber auch übers Jahr in den Konditoreien und Bäckereien der Stadt angeboten werden. Die Zutaten sind überschaubar, aber hochwertig. Aus Mandeln, Puderzucker und Rosenwasser wird ein Marzipanteig geknetet und zu kleinen Kugeln geformt. Jede Kugel erhält drei halbierte Mandeln – die der Legende nach symbolisch für die drei Söhne der Familie Bethmann stehen. Richtig ist, dass der Pariser Konditor Jean Jacques Gautenier die Leckerei 1838 kreierte. Er war Küchenchef im Hause Bethmann und sicher bemüht, seine Herrschaft stets mit neuen Köstlichkeiten zu überraschen.

Die Teigrezeptur ist im Übrigen die gleiche wie bei der zweiten typischen Frankfurter Spezialität, den Brenten, die schon seit dem Mittelalter gebacken werden – ein weiteres Indiz dafür, dass die Stadt sehr früh über so edle Zutaten wie Mandeln und Rosenwasser verfügte. Die Besonderheit der Brenten ist, dass man sie in sogenannte Modeln drückt, Holzformen mit den unterschiedlichsten Motiven vom Schwan bis zum Ritter – ähnlich dem Spekulatius. Als Verzierung dient ebenfalls eine halbe Mandel. Ihr Geschmack beeindruckte den Dichter Eduard Mörike so nachhaltig, dass er der Leckerei ein Gedicht widmete. Auch Johann Wolfgang von Goethe liebte die Spezialität seiner Heimatstadt und ließ sich selbst in der Ferne von seiner Mutter stets ein Päckchen zum Weihnachtsfest schicken.

Dass auch das Frankfurter Nationalgericht, die Grie Soß (Grüne Soße), zu Goethes Leibspeisen gehörte, ist nicht belegbar. Sicher jedoch ist und bleibt: Stets sieben Kräuter müssen enthalten sein, und zwar Petersilie, Schnittlauch, Kerbel, Kresse, Sauerampfer, Borretsch und Pimpernelle. Hinzu kommen Sauerrahm, ein wenig Crème fraîche oder Schmand, hart gekochte Eier, Essig und Öl, Zitronensaft, Salz und Pfeffer. Serviert wird sie kalt zu vier halben hart gekochten Eiern und Pellkartoffeln, sie passt aber auch wunderbar zu Tafelspitz, Spargel, Schnitzel oder Fisch.

Das Zentrum der Grünen Soße ist der Stadtteil Oberrad, wo die Kräuter seit jeher angebaut werden. Hier haben die Frankfurter ihrer Leibspeise ein Denkmal gesetzt: sieben kleine Gewächshäuser, die jeweils eins der Kräuter beherbergen. Beim Grüne-Soße-Festival treten Gastronomen aus Stadt und Umland zum Genuss-Contest an – wer macht die beste? Schließlich hat jeder seine ganz eigene Rezeptur. Die Gäste dürfen probieren und entscheiden, aber Geschmack ist ja bekanntlich Geschmackssache.

Das trifft auch auf Frankfurts Nationalgetränk zu, den Apfelwein. Äppler, Ebbelwoi, Schoppe oder Stöffche sagt man hier zum vergorenen Apfelsaft, der aus dem Gerippten, dem typischen Apfelweinglas mit seinen kleinen Rauten, getrunken, nein, „gepetzt" wird. In größeren Mengen serviert man ihn – vor allem in den traditionellen Apfelweinwirtschaften – im Bembel, einem hübschen, blau gemusterten Keramikkrug, der sein Inneres lange kühl hält. Wer ihn das erst Mal trinkt, dem schmeckt er meist nicht auf Anhieb. „Ein guter Ebbelwoi schmeckt erst ab dem dritten Glas", heißt es oft. Man kann das Stöffche mit Wasser als sauer und mit Limonade als süß Gespritzten, im Winter auch heiß mit Zucker und einer Zimtstange genießen.

Und was isst der Frankfurter zu seinem Ebbelwoi? Rippchen, also gepökelte Schweinekoteletts, oder Haspel (gekochtes Eisbein) mit Sauerkraut, heiße Fleischwurst mit Wasserweck (einem doppelten Brötchen) oder ein Frankfurter Würstchen mit Senf. Obwohl jeder Metzger sie ganz nach seinem Gusto würzt, besteht ein Frankfurter Würstchen stets aus 100 Prozent Schweinefleischbrät, gefüllt in einen hauchzarten Schafsdarm. Dann werden sie im Buchenholzrauch mild geräuchert.

Das klassische Begleiter zum Apfelwein ist und bleibt aber der Handkäs mit Musik. Ein Sauermilchkäse, der am besten schmeckt, wenn er hausgemacht und schon so weit gereift ist, dass er „wegläuft". Man legt ihn für mehrere Stunden in einem Dressing aus Essig, Öl, nach Belieben auch Kümmel und vor allem Zwiebeln ein, die im Fortgang des Abends für die Musik sorgen. Dann wird er mit guter Butter und einem deftigen Bauernbrot serviert und darf traditionell nur mit einem Messer gegessen werden.

SCHLARAFFENLAND: IN DER KLEINMARKTHALLE GIBT ES ALLES, VON FRANKFURTER LECKEREIEN BIS HIN ZU SPEZIALITÄTEN AUS ALLER WELT, NATÜRLICH AUCH ZUTATEN FÜR DIE GRIE SOSS (LINKE SEITE, L.) ODER BETHMÄNNCHEN (R.)

Himbeer-Traum
Himbeer-Balsam
3% Säure
sehr intensiver Frucht-
geschmack
mit Fruchtfleisch an-
gereichert. Ideal für alle
Salate 100 ml

FLÜSSIGE GAUMENFREUDEN

Das Frankfurter Fass ist ein echtes Schlaraffenland

Bauchige Ballonflaschen mit honiggelben, champagnerfarbenen oder dunkelroten Flüssigkeiten, irdene Töpfe, die, lupft man den Deckel ein wenig, nach Gewürzen, Kräutern und Oliven duften, dazu prachtvolle Präsentkörbe, hübsche Schmuckflaschen und vieles mehr … Das Auge sieht sich kaum satt im Frankfurter Fass, die Nase hat auch genug zu tun, und überhaupt werden die Sinne hier auf höchst angenehme Weise angeregt. Essige und Öle, Liköre, Edelbrände und andere Spirituosen wie Cognac, Rum und sogar giftgrüner Absinth lagern hier in großen Amphoren und Krügen und lassen sich in der jeweils gewünschten Menge abzapfen. Es lohnt, sich durchs Sortiment zu schnuppern, auch Probieren ist selbstverständlich erlaubt.

Carina Jakoby übernahm das hübsche Ladengeschäft in der Töngesgasse im Januar 2014 von ihrer Mutter Gabriela Funiok, die das Frankfurter Fass 1997 eröffnet hat. Man spürt deutlich, dass sie hier aufgewachsen ist und schon als Kind mit dabei war, wenn ihre Mutter die Kunden bediente. So entwickelte sie früh ein klares Gespür für gute Produkte. Um ein vielseitiges und originäres Sortiment anbieten zu können, stellt sie immer wieder neue, einfallsreiche Spezialitäten mit dem gewissen Extra für ihre Kunden zusammen, einige davon hat sie sogar selbst kreiert. Beispielsweise den „Grie Soos Sämmbf", Grüne-Soße-Wodka oder auch Mispeln in Apfelweinbrand.

Hinzu kommen besondere Schmankerln wie Waldmeister- oder Dattel-Feigen-Balsam, Mangolikör auf Gin und der absolute Renner, der sahnig-cremige Schokoladentraum. Nicht zu vergessen die saisonalen Highlights von Erdbeer-Eierlikör und Erdbeer Limes bis zum Pflaumenessig mit Zimt und zahlreichen weihnachtlichen Likören. Sehr beliebt sind auch die Produkte mit Frankfurt-Bezug, etwa Bethmännchen-Eierlikör, der Schoppepetzer-Uffstrich, ein Apfel-Birnen-Aufstrich mit Vanille, oder verschiedene Apfelwein-Fruchtaufstriche.

Außergewöhnliche Aromakicks versprechen Zutaten wie Rotes Hawaii- oder Schwarzes Lava-Salz, Zitronen- und Orangen-Meersalz aus Siziliens Salzgärten oder auch orientalischer, skandinavischer und Aprikosen-Senf. „Normal kann jeder, wir sind anders, bieten Produkte, die Sie nicht überall, ja eigentlich nur hier finden. Genau das schätzen unsere Kunden auch sehr“, unterstreicht Carina Jakoby das Konzept, mit dem sich ihr Familienbetrieb deutlich vom Wettbewerb unterscheidet. Ihre Lieferanten sucht sie sich sorgfältig aus, sie schätzt und pflegt lange Geschäftsbeziehungen, man teilt das gleiche Qualitätsbewusstsein, manchmal entwickeln sie auch gemeinsam neue Rezepturen. Ihre Kooperationspartner sind allesamt kleine familiengeführte Feinkostmanufakturen, zum Beispiel in Italien oder Griechenland, die Kontinuität, viel Handarbeit und ebenso viel Erfahrung garantieren.

Hier entstehen wunderbar milde, gesunde Olivenöle wie das Archaelaion, das aus handverlesenen, unreifen Koroneiki-Oliven schonend kalt gepresst wird, ganz so, wie es schon die alten Griechen der Antike getan haben mögen. Es überrascht nicht nur durch seinen fruchtigen Geschmack, sondern auch durch seine leuchtend grüne Farbe. Außerdem im Angebot: feine Nuss-, Pflanzen- und Leinöle, aromatische Würzöle mit Gewürzen, Kräutern und sogar Parmesan. „Wir haben nur Produkte im Laden, die mir auch selbst schmecken, sonst kann ich sie ja gar nicht überzeugend verkaufen“, meint Carina Jakoby lächelnd. Viele Kunden wählen gleich noch passende Schmuckflaschen als adäquate Verpackung, die man immer wieder nachfüllen kann, oder lassen sich Präsente zusammenstellen. Und wer mal keine Zeit für einen Besuch hat, kann die meisten Produkte aus dem Sortiment auch über den Online-Shop bestellen.

Schnell sein muss, wer sich einen Platz bei den beliebten Verkostungs-Events im Frühjahr und Herbst rund um die Produkte des Frankfurter Fass sichern will. In der zwei- bis dreistündigen Veranstaltung verwöhnt die Chefin ihre Gäste mit vielen selbst kreierten Leckereien von Salaten bis Pasta, alles mit Bezug zum Thema des Abends, ergänzt von viel Wissenswertem rund um Essig, Öl & Co.

FRANKFURTER FASS
Carina Jakoby
Töngesgasse 38
60311 Frankfurt am Main
Telefon 0 69 / 91 39 56 22
frankfurter-fass@hotmail.de
www.frankfurter-fass.de

Grappe
Ponte Vecchio

Speisekammer

GENUSS AN HISTORISCHER STÄTTE

Die Speisekammer erzählt ein Stück Frankfurter Stadtgeschichte

REHRÜCKEN MIT STEINPILZEN

Dieses Rezept finden Sie auf Seite 113

Herrschaftlich sieht es aus, das 1740 erbaute Haus mit seiner beerenfarbenen Fassade und den dunkelgrünen Klappläden im Herzen des Stadtteils Heddernheim, das dem Restaurant Speisekammer seine Heimat gibt. Und das ist kein Zufall. Schließlich diente es einst als Wohn- und Wirtschaftsgebäude für den kurmainzischen General Philipp Wilhelm von Riedt, der im benachbarten Neuen Schloss residierte. Auch der bis heute bestehende Weinkeller datiert aus dieser Zeit. Gleich neben dem Haus ist übrigens das Wahrzeichen Heddernheims zu finden, die „Gemaabumb" (Gemeindepumpe) von 1839, dem Gründungsjahr der berühmten Heddernheimer Fastnacht, die dem feierfreudigen Stadtteil den Beinamen „Klaa Paris" bescherte.

Seit dem 1. April 2006 führt die Gastronomenfamilie Schreuer die kulinarischen Geschicke der Speisekammer fort. Schon seit 1890 werden hier Gäste bewirtet. Zunächst als klassische Apfelweinwirtschaft und Gaststätte geführt, mit wechselnden Besitzern und infolgedessen auch mit wechselnden Namen, eröffnete Heinz Mussel die Speisekammer 1991 in ihrer heutigen Form. Von ihm übernahmen die Schreuers das Haus. Der begeisterte Sammler besaß ein Blechmuseum und brachte so manches Schmuckstück mit. So kommt es, dass bis heute unzählige Töpfe, Schüsseln, Kannen und Becher das Auge fesseln. Sie bilden einen reizvollen Kontrast zum stilvoll gestalteten Interieur.

Zu dem unter Denkmalschutz stehenden Anwesen gehört auch ein romantischer Sommergarten mit mächtigen Kastanien und Platanen, wie er so typisch für Frankfurter Traditionslokale ist. „Unsere Bäume sind wahrscheinlich so alt wie das Haus", vermutet Dieter Schreuer. Man merkt ihm an, wie sehr er diesen Ort schätzt. Der gebürtige Heddernheimer kennt das Haus von Kindesbeinen an und erfüllte sich einen lang gehegten Traum, als er mit seiner Frau Jutta die Speisekammer übernahm. Gemeinsam mit Sohn Alexander zeichnet er für die gute Küche des Hauses verantwortlich. „Das klappt wunderbar, es gibt kein Kompetenzproblem zwischen uns, wir sind beide erfahrene Köche, und jeder arbeitet dort, wo er gebraucht wird", meint

Dieter Schreuer schmunzelnd. Ehefrau Jutta kümmert sich um die jahreszeitlich wechselnde Dekoration im Restaurant und ist „die gute Seele unseres Hauses“, wie ihr Mann unterstreicht.

Eine herzliche Gastfreundschaft zeichnet das gesamte Team der Speisekammer aus. Man spürt: Der Gast steht hier ganz klar im Fokus – und das an sieben Tagen in der Woche. Lediglich am Heiligen Abend, an Silvester und Neujahr ist die Speisekammer geschlossen.

Die Speisenauswahl mit Klassikern wie Frankfurter Kartoffelsuppe, Tafelspitz mit Grüner Soße, Zanderfilet in Sesamkruste oder Pariser Pfeffersteak in Cognac-Pfeffersauce wird von saisonalen Highlights wie Spargel, Pfifferlingen, Lamm, Wild und vor allem knuspriger Gans in der Vorweihnachtszeit ergänzt. Letztere ist eine besondere Spezialität des Hauses, von der so mancher Stammgast behauptet: „So eine Gans gibt's nur einmal in Frankfurt!“ Seit einigen Jahren bietet die Speisekammer neben vegetarischen auch vegane Gerichte an. Da es hier bei der Zubereitung einiges zu beachten gilt, hat sich das Küchen-Team in entsprechenden Workshops extra weitergebildet.

Zu der gehobenen deutschen Küche passen die Weine von namhaften Winzern aus den klassischen Weinanbaugebieten des Landes – von der Ahr bis zur Mosel, von Rheingau und Rheinhessen bis nach Franken – vorzüglich. Sie ruhen bis zu ihrer Verkostung bestens temperiert im historischen Weinkeller mit seinen mächtigen dicken Steinmauern. Ihre Winzer kennen die Schreuers persönlich, sie wählen stets sorgfältig aus, welche Tropfen mit ihrer Küche am besten harmonieren.

Zweimal im Jahr lädt Dieter Schreuer gemeinsam mit seinem Bruder Jürgen zu einem mehrgängigen Menü in die Speisekammer, und zwar jeweils am Abend vor den Feiertagen am 1. Mai und 3. Oktober. Hier kochen sie gemeinsam vor den Augen ihrer Gäste, die das Geschehen verfolgen und sich dabei schon mal mit allen Sinnen auf das bevorstehende köstliche Ergebnis freuen können.

RESTAURANT SPEISEKAMMER
Familie Schreuer
Alt Heddernheim 41
60439 Frankfurt am Main
Telefon 0 69 / 57 38 88
info@speisekammer-frankfurt.de
www.speisekammer-frankfurt.de

Menu

La Vialla
Fattoria La Vialla
Verdicchio dei
Classico
Superiore
2016
Vialla
demeter

AUSFLUG NACH ITALIEN

Toskanische Sinnesfreuden in der Speisekammer der Fattoria La Vialla

HAUSGEMACHTE ORECCHIETTE-PASTA
Dieses Rezept finden Sie auf Seite 114

Der Weg nach Italien ist nicht weit. Er führt einmal quer durch die Stadt bis nach Fechenheim und dort in eine von außen recht unscheinbare Lagerhalle. Doch wer hierherkommt, weiß, welche prall gefüllte Speisekammer sich hinter der großen Tür verbirgt, die man nur mit einer personalisierten Schlüsselkarte öffnen kann. Weitere Zugangsbeschränkungen gibt es indes nicht. Jeder Liebhaber der wunderbaren italienischen Küche – und wer ist das nicht? – darf hinein in die aromenreiche Genusswelt. Prämierte Weine, mild-fruchtiges Olivenöl, Aceto Balsamico, Pasta in allen Formen und Längen, Antipasti, Saucen und Dips, Käse, Schinken, Salami – die ganze genüssliche Vielfalt der toskanischen Küche präsentiert sich hier dem Besucher. Wer sich erst mal stärken will, geht zur kleinen Theke und greift zur frisch zubereiteten Pizza oder Pasta. Alle Weine des Hauses und natürlich auch Pestos und andere Aufstriche können probiert werden.

Dieses Konzept ist einzigartig, nicht nur in Frankfurt. Denn die 2012 eröffnete Speisekammer ist eine Art Hofladen, nur dass der Hof dazu in Castiglion Fibocchi südlich von Florenz gut 1000 Kilometer entfernt liegt. Die Fattoria La Vialla ist ein pittoreskes Landgut, auf dem die Familie Lo Franco seit 1978 lebt und arbeitet, mit Weinbergen, Olivenhainen, Gemüsefeldern, Wald und Weiden für die hofeigenen sardischen Schafe. „Das Beste aus dem Boden holen und das beste Produkt erzeugen, aber stets im Einklang mit der Natur" – das ist das Credo der Lo Francos. Zu einer Zeit, als das Label „Bio" noch gar nicht erfunden war, wurde hier schon biologisch gearbeitet. Inzwischen führen die drei Söhne Antonio, Gianni und Bandino das Gut im Sinne ihrer Eltern weiter.

Verantwortlich für den Betrieb der Speisekammer ist Stefan Maxeiner, der die Lo Francos 2008 bei einem Besuch in der Toskana kennenlernte und sie darin bestärkte, eine Dependance ihres Hofladens in Deutschland zu realisieren – ausgelöst durch die immer lauter werdenden Anfragen vieler deutscher Besucher vor Ort, ihre Lieblingsprodukte auch in der Heimat kaufen zu können.

SPEISEKAMMER DER
FATTORIA LA VIALLA
Famiglia Lo Franco
Cassellastraße 30-32
60386 Frankfurt am Main
Telefon 0 69 / 42 69 41 60
speisekammer@lavialla.it
www.speisekammer.lavialla.it

of Grey

DIE GANZE WELT DES TEES

Der Name Ronnefeldt steht für feinste Teekultur

Frankfurt zu Beginn des 19. Jahrhunderts. Der junge Johann Tobias Ronnefeldt tritt seine Lehrzeit im renommierten Handelshaus Johann Christian Mühl an. Seine Kenntnisse im Im- und Export vertieft er anschließend in wichtigen europäischen Handelsstädten, bis er 1823 in seiner Heimatstadt als Importeur von Tee und Seide den Sprung in die Selbstständigkeit wagt. Dies ist die Geburtsstunde eines weltbekannten Teehauses, das noch mehr als 190 Jahre später gleichsam als Synonym für anspruchsvollen Teegenuss steht.

Im Laufe der folgenden Jahrzehnte zog das Unternehmen vom Stammhaus mit Ladengeschäft in der Neuen Kräme in weitere repräsentative Gebäude auf der Zeil, am Rossmarkt sowie in der Goethestraße um, vier weitere Ronnefeldt-Generationen folgten. 1984 stieg Frank Holzapfel in das Unternehmen ein. Unter seiner Ägide etablierte sich die Marke in der Luxushotellerie und -gastronomie, wo sie bis heute weltweit vertreten ist. Seit 2012 steht sein Sohn Jan-Berend dem Haus als Geschäftsführer vor. Die Firmenzentrale befindet sich nach wie vor in der Innenstadt von Frankfurt. In Worpswede bei Bremen liegt die Produktionsstätte. Hier komponieren erfahrene Tea Taster mit ihren außergewöhnlichen Geschmacksrezeptoren und einer jahrelang geschulten Sensorik die harmonischen Mischungen, für die das Unternehmen so bekannt ist.

Ronnefeldt war ein Pionier im Teehandel, setzte immer wieder Trends und brachte Innovationen auf den Markt, welche die Teekultur in Deutschland entscheidend prägten. Ein Beispiel dafür ist der Tea-Caddy®, ein Teefilter, der es erstmals ermöglichte, hochwertigen losen Tee in Hotels portionsweise anzubieten. Ganz ähnlich funktionieren auch der Teavelope®, der LeafCup® und der Joy of Tea. Eine weitere Erfindung ist die intelligente Kippkanne, die in den drei Phasen Liegen – Kippen – Stehen ohne weiteres Zutun perfekten Teegenuss offeriert. Außerdem entwickelte das Unternehmen für Servicekräfte der Spitzenhotellerie das weltweit einmalige Ausbildungsprogramm Ronnefeldt TeaMaster® Silber und Gold zur perfekten Präsentation und Zubereitung der hochwertigen Tees.

Der Erfolg liegt auch in dem besonderen Qualitätsanspruch des Unternehmens begründet. Dieser wird schon bei Anbau und Ernte in sorgsam ausgewählten Teegärten, beispielsweise in Indien, China oder Sri Lanka, genauestens kontrolliert. Die besten Teeblätter werden ausschließlich per Hand gepflückt und dann sofort frisch weiterverarbeitet. Das Ergebnis dieser zeit- und arbeitsintensiven, sogenannten orthodoxen Methode sind fein nuancierte Tees mit großer Aromenvielfalt.

Anspruchsvolle Teetrinker erwerben ihre präferierten Sorten in lizenzierten Fachgeschäften oder im Online-Shop. Seit 2009 gibt es mit dem eleganten Brandshop im Einkaufszentrum MyZeil nach 125 Jahren auch wieder ein Geschäft in der Heimatstadt des Firmengründers, eine wunderbare Welt des Tees, den man hier mit allen Sinnen erleben kann.

Es duftet nach verführerischen Teekompositionen. Der Blick fällt auf bunt designte Schmuckdosen, edles Teegeschirr, schottisches Shortbread, hochwertige Marmeladen und Schokoladen, bevor er sich dann in den langen Reihen der unzähligen Tees verliert. Eine große Auswahl der rund 350 verschiedenen Sorten im Sortiment ist hier zu entdecken. Da gibt es schwarze Tees aus den bekannten Teegärten in Darjeeling oder Assam, aber auch aus China oder Kenia sowie aromatisierte und sogar entkoffeinierte Mischungen. Außerdem findet man hier vielfältige Grüntees, Weiße und Oolong Tees, aromatischen Chai-Gewürztee, Kräuter- und Früchtemischungen, Rooibos-, Wellness- und Ayurvedatees. Zertifizierte Bio-Sorten, exklusive Kollektionen und Raritäten schätzen die erfahrenen Teekenner. Neuester Trend: Tees aus der Neuen Welt, also aus Ländern wie Neuseeland, Kolumbien, Tansania, Malawi oder von der koreanischen Vulkaninsel Jedudo.

Wer noch unentschlossen ist, nimmt erst mal Platz auf der goldfarbenen Couch in der Tea Lounge weiter hinten im Shop. Hier kann man jederzeit eine kleine Tasse Auszeit vom Alltag genießen und dem chinesischen Sprichwort folgen: „Man trinkt Tee, um den Lärm der Welt zu vergessen."

BRANDSHOP MYZEIL
Zeil 106/Erdgeschoss
60313 Frankfurt am Main
Telefon 069 / 21 02 87 82
brandshop@ronnefeldt.de
Webshop: www.teeshop-ronnefeldt.com

RONNEFELDT KG
Jan-Berend Holzapfel
Kurfürstenplatz 38
60486 Frankfurt am Main
Telefon 0 69 / 79 30 05-0
info@ronnefeldt.de
www.ronnefeldt.com

Schwarzer Tee
Schwarzer Tee
Darjeeling Margaret's Hope
Schwarzer Tee
SINGLE ORIGIN CHOCOLA

ERLESENE AUGENWEIDE: DEUTSCHES MUSEUM FÜR KOCHKUNST UND TAFELKULTUR

ES IST ANGERICHTET

Das Deutsche Museum für Kochkunst und Tafelkultur

Eine gute Tafel ist das erste Band der guten Gesellschaft", so der französische Philosoph Luc de Clapiers im 18. Jahrhundert. Die Identität einer Gesellschaft drückt sich auch in ihrer Art der Gastlichkeit aus, in ihren Tischsitten, ihren Koch- und Essgewohnheiten. Um dieses Thema wieder mehr in den Fokus zu rücken, hat sich 1988 in Frankfurt der Verein zur Förderung der Tafelkultur gegründet, inzwischen in Verein Deutsche Tafelkultur umbenannt. Die Gründungsmitglieder verband vor allem die Idee, das zu seiner Zeit europaweit renommierte Kochkunstmuseum (1909 bis 1937) am Untermainkai wiederzubeleben.

Es folgte eine lange Zeit der Planung, bis der große Traum der Gründer in Erfüllung ging. Nach knapp 30 Jahren war es endlich so weit: Am 25. November 2015 öffnete das Deutsche Museum für Kochkunst und Tafelkultur (direkt auf der Zeil gelegen) erstmals seine Türen. Es ist nicht nur ein Ausstellungsort, es lädt auch ein zu Genuss-Veranstaltungen, Seminaren und Vorträgen und versteht sich zudem als Ort der Forschung. Über 12.000 Bücher rund um das Thema Tafelkultur umfasst der Bestand, dazu etwa 100 handgeschriebene Kochbücher und Aufzeichnungen aus drei Jahrhunderten, circa 60.000 Menü- und Speisekarten von der Mitte des 18. Jahrhunderts bis zur Gegenwart und, und, und.

Die Ausstellung zeigt in der Hauptsache historische Exponate gepaart mit zeitgenössischen: beispielsweise Schnellkochtöpfe vom 19. Jahrhundert bis heute, handgearbeitete Modeln für die Herstellung von Frankfurter Brenten, eine Kochkiste aus dem Ersten Weltkrieg, einen Wonderbag-Kochsack und natürlich Besteck, Glas und Porzellan aus mehreren Stilepochen bis hin zur Gegenwart. Geöffnet ist das Museum, das mit viel Engagement zum Großteil ehrenamtlich betrieben und von der Tafelkultur-Stiftung getragen wird, samstags und sonntags von 14 bis 18 Uhr. Einmal im Monat finden außerdem Abendführungen statt, auch kulinarische Stadtführungen werden angeboten.

Der bewusste Umgang mit Nahrungsmitteln, die Freude am genussvollen Essen, an guter Gastlichkeit und feiner Tafelkultur – diese Aspekte will das Museumsteam wieder ins Gedächtnis rufen. Unsere Kultur zeigt sich auch auf unseren Tischen. Das Deutsche Museum für Kochkunst und Tafelkultur macht uns dies auf eindrucksvolle Weise deutlich. In Zeiten von Fast Food, einer ausgeprägten Wegwerfmentalität und Billiger-ist-besser-Einstellung eine mehr als wichtige Institution.

DEM WAHREN SCHOENEN GUTEN

WIRTSCHAFT UND KULTUR AUF TUCHFÜHLUNG: ALTE OPER UND OPERNTURM

THEATERKULTUR & HOCHGENUSS

Einkehr in Frankfurts historischem Foyer Opéra

Inmitten des Frankfurter Stadtzentrums, zwischen Tradition und Moderne, befindet sich in der Alten Oper das Restaurant Opéra. Das historische Foyer des Konzerthauses, des prachtvollen kulturellen Wahrzeichens der Stadt, stellt den exklusiven Rahmen für das Restaurant.

Ob zum Business-Lunch oder zum ausgedehnten Mittagessen, bei festlichem Dinner oder zartem Tête-à-Tête, bei der Samstags-Jause nach dem Einkauf oder dem legendären Sonntagsbrunch und – nicht zuletzt – vor und nach den Konzerten begrüßt das Opéra sein anspruchsvolles Publikum.

Die Küchencrew interpretiert internationale Klassiker jung und modern mit regionalen Jahreszeitprodukten. Neben Klassikern wie Steak-Tatar vom Rinderfilet oder auch Wiener Schnitzel beeindruckt die Meeresfrüchte-Étagère „Plateau des Fruits de Mer", für zwei Personen in zwei Gängen serviert. Aber auch bei saisonalen Gerichten, wie beispielsweise Gazpacho von gelben Tomaten und Erdbeeren mit herzhaften Cantuccini, präsentiert sich Küchenchef Thomas Remes von seiner kreativsten Seite. Ebenso originell sein Thunfisch-Allerlei oder Onglet vom US-Beef unter einer Pfeffer-Nuss-Kruste mit Romanasalat und lila Süßkartoffelcreme.

Unkomplizierte oder ausgesuchte edle Tropfen namhafter Weingüter begleiten den kulinarischen Genuss. Sie stammen aus verschiedenen deutschen Anbaugebieten (so etwa Domäne Schloss Johannisberg, Robert Weil, Markus Schneider, Weingut Knipser u. v. m.), aber auch aus Österreich, Spanien und der Neuen Welt sowie Frankreich (z. B. Patrick de Ladoucette) und Italien (Teruzzi & Puthod etc.) – um exemplarisch nur einige Namen von der opulenten Weinkarte zu nennen.

Auf der großzügigen Sonnenterrasse mit einmaligem Blick auf Frankfurts Skyline finden bis zu 100 Personen Platz.

ALTE OPER FRANKFURT RESTAURATION
Gerd Käfer & Roland Kuffler GmbH & Co.
Betriebsleiterin: Fabienne Rziha
Opernplatz 1
60313 Frankfurt am Main
Telefon 069 / 1 34 02 15
info@kurhaus-gastronomie.de
www.opera-restauration.de

JAPAN MITTEN IN FRANKFURT

Im Restaurant Kabuki wird die Teppanyaki-Tradition gepflegt

Die heiße Stahlplatte zischt, als das Steak darauf Platz nimmt, um vor den Augen der Gäste, die geduldig um das Kochfeld sitzen, vom japanischen Koch à la minute zubereitet zu werden. Teppanyaki heißt diese Zubereitungsart, abgeleitet vom japanischen Wort für Stahl: teppan.

Seit 1989 können die Frankfurter diese besondere Zubereitungsart genießen, im Restaurant Kabuki in der Kaiserstraße unweit des Hauptbahnhofs. 75 Plätze bietet das Kabuki, an jedem einzelnen liegt ein kleines Lätzchen bereit, mit dem man die Kleidung vor eventuellen „Spritzschäden" schützen kann. Nach der Bestellung wird es dann spannend.

Der Koch stellt alles zusammen, was er für die Zubereitung der georderten Gerichte benötigt, inklusive seiner scharfen Messer und verschiedener hausgemachter Saucen. Zunächst erläutert er den Gästen die Zutaten, und dann geht es los auf der mehrere Zentimeter dicken strombetriebenen Stahlplatte. Es ist faszinierend, zuzuschauen, wie Fleisch, Fisch und Gemüse ordentlich aufgereiht auf der Platte platziert und dann mit sorgfältiger Präzision verarbeitet werden. Ein hektisch hantierender Koch, der mit Zutaten und Messern um sich wirft – das ist ein Einfall der Filmindustrie. Beim Teppanyaki geht es vor allem um den Respekt vor den Zutaten und um die handwerklich perfekte Zubereitung.

„Unsere fünf Köche stammen alle aus Japan und haben die Zubereitung auf der Teppanyaki-Platte eigens erlernt", erklärt Tetsuya Yamahara, der General Manager des Kabuki. „Wenn neue Köche zu uns kommen, bilden wir sie selbst in dieser Kunst aus, das dauert bei Köchen ohne Vorerfahrung zwei Jahre."

Auch die tief in der japanischen Lebensweise verwurzelte Form der Gastfreundschaft namens „Omotenashi" wird im Kabuki gepflegt. Dieses Wort umschreibt einen äußerst höflichen, zuvorkommenden Service, der mit einer gelungenen Mischung aus Aufmerksamkeit und Unaufdringlichkeit den Gast in das absolute Zentrum allen Tuns stellt.

Zu den Spezialitäten des Hauses gehört das wegen seines außergewöhnlichen Geschmacks bekannte Wagyu-Rind, das direkt aus Japan importiert wird, außerdem stehen Geflügel, Fisch und Meeresfrüchte, Tofu, frische Gemüse sowie asiatische Pilze wie Kräuterseitlinge, Shiitake-, Enoki- oder Austernpilze auf der Speisekarte.

Von der Stahlplatte auf Teller oder Schale kommen etwa „auf Stahl tanzende" Riesengarnelen, gebratener Aal, gedämpfte Krabbe, in der Schale zubereitete Langostinos, Wagyu-Steaks, Entenbrust, Dorade Royal oder auf einem Magnolienblatt zubereitete und mit Japankohl-Mantel gerollte Seezunge. Verschiedene, natürlich hausgemachte Saucen geben dem Ganzen ein abrundendes Umami-Finish … An Originalität kaum zu übertreffen ist das gebratene Eis in Reispapier, das mit grünem Teepulver bestäubt wird.

Auch die Getränkekarte zeigt sich äußerst vielfältig. Zu der großen Auswahl an Weinen, Craft-Bieren und japanischen Likören gesellt sich ein beeindruckendes Sake-Sortiment. Der japanische Reiswein wird in einer exklusiven Qualitäts- und Geschmacksvielfalt angeboten. Und natürlich erhält der Gast, der nicht so viel weiß über Sake, eine ausführliche Beratung, welche Sorte mit welchem Gericht harmoniert und welche unterschiedlichen Geschmacksnoten sich dabei entfalten. Mit dieser einzigartigen Sortenvielfalt ist das Kabuki in Frankfurt und dem Rhein-Main-Gebiet eine absolute Ausnahme.

Noch ein kleiner Tipp: Wer das Kabuki besucht, sollte nach Fuku-chan, dem Maskottchen des Restaurants, Ausschau halten: ein gut genährter Kater mit Angelrute und Fisch unterm Arm. Eigentlich verbringt er seine Zeit am liebsten mit Fischfang, doch ab und zu kommt er auch in die große Stadt mit den hohen Türmen. Der Sage nach ist Fuku-chan ein in einen Kater verwandelter Eremit, der Glück bringt, wenn man ihn berührt. Also nur Mut, er freut sich sicher über ein zartes Streicheln über den Kopf. Und das Glück, die hohe Kunst der japanischen Esskultur im Kabuki erleben zu dürfen – das ist dem Gast ja nun schon sicher.

RESTAURANT KABUKI
General Manager: Tetsuya Yamahara
Geschäftsführer: Kiyoshi Tsutsumi
Kaiserstraße 42
60329 Frankfurt am Main
Telefon 0 69 / 23 43 53
info@kabuki-restaurant.com
www.kabuki-restaurant.com

IDYLL IN DER GROSSSTADT

Ideale Lage zwischen Skyline und Natur: das Landhaus Alte Scheune

GEBRATENE JAKOBSMUSCHELN IM ZUCCHINI-MANTEL *Dieses Rezept finden Sie auf Seite 115*

Nur einen Katzensprung ist es bis in die City der Mainmetropole, und doch verspricht das Landhaus Alte Scheune in Nieder-Erlenbach, was es im Namen trägt: ländliches Idyll und erholsame Ruhe zum Genießen und Verweilen fernab vom Trubel der Großstadt. Damit präsentiert sich das Haus als perfekter Ausgangspunkt für einen Städtetrip, ist aber auch für Genießer aus der Region wegen seiner verkehrsgünstigen Lage bestens erreichbar.

Die Alte Scheune im nördlichsten Stadtteil Frankfurts ist bereits seit über drei Jahrzehnten eine genussvolle Adresse. Bevor die Erbauerfamilie Mast das Anwesen erwarb und es liebevoll zu einem stattlichen Hotel mit Restaurantbetrieb ausbaute, befand sich hier eine Pferdewechselstation der Post, später sogar mal ein Schuhgeschäft. 2013 pachteten Verena und Christian Gumprecht das Traditionshaus und erwarben es schließlich nach einem erfolgreichen ersten Jahr. Die Hotelfachfrau und der Koch sind versierte Gastronomen mit viel Gespür für die Wünsche ihrer Gäste und führen hier ihre Vorstellung von einer herzlich-familiären Gastlichkeit fort.

Während Küchenchef Christian Gumprecht für die saisonale Küche verantwortlich zeichnet, kümmert sich seine Frau um die 32 Zimmer und Suiten im eleganten Landhausstil und das Boardinghaus, das behagliches Wohnen auf Zeit bietet. Restaurantleiter Gunnar Runge obliegt neben dem Servicebereich die Organisation der zahlreichen Veranstaltungen.

Denn für seine stimmungsvollen Familienfeiern und Hochzeiten ist die Alte Scheune ebenfalls bekannt. Jedes Paar, das hier den Bund der Ehe feiert, bekommt sogar eine kleine Plakette auf einer eigens dafür gefertigten Tafel im Restaurant. Die Gumprechts haben 2014 übrigens selbst hier ihre Hochzeit gefeiert und wissen genau, wie sie ihren Gästen den schönsten Tag im Leben perfekt gestalten.

Neben dem historischen Restaurant mit seinen dicken Backsteinmauern, den gemütlichen roten Ledermöbeln und den Rundbögen, hinter denen sich lauschige Nischen verbergen, gibt es einen Wintergarten, eine rustikale Bierstube – und wenn es die Temperaturen erlauben, sitzen die Gäste auch sehr gern auf der idyllischen Gartenterrasse, die mit ihrer üppig-grünen Bepflanzung an einen mediterranen Patio erinnert.

Die Speisenauswahl bietet selbst den vielen Stammgästen, die aus weitem Umkreis nach Nieder-Erlenbach kommen, immer wieder Überraschungen. Denn sie widmet sich im regelmäßigen Wechsel dem saisonalen Warenkorb mit seinen Spezialitäten, von Spargel und Erdbeere über Lamm und Pfifferling bis zu Wild und Gans. Hinzu kommen spannende Themenwochen, die mal Sylt oder Skandinavien, mal die Karibik, Australien und Italien oder auch schon mal die Route des Orient-Express kulinarisch abbilden. Und wer eines der beiden saisonalen Charity-Menüs wählt, tut im Landhaus Alte Scheune zudem etwas Gutes – denn 1,50 Euro pro Menü spenden die Gastgeber dem Verein „Hilfe für krebskranke Kinder". Diese großzügige Vereinbarung, die ursprünglich 2016 zum 30-jährigen Bestehen des Hauses getroffen wurde, haben die Gumprechts einfach beibehalten.

Christian Gumprecht ist ein kreativer, ambitionierter Küchenchef mit Leib und Seele. Er hat sein Handwerk in renommierten Häusern erlernt und legt viel Wert auf die hohe Qualität seiner Grundprodukte. Der gebürtige Bad Nauheimer liebt den morgendlichen Besuch des Großmarkts und lässt sich gern von den Waren zu seinen originellen Speisekreationen inspirieren. Besonders der Gang zu den Ständen der regionalen Bauern des Frankfurter Umlandes ist für ihn eine Selbstverständlichkeit.

SCHOKOKUCHEN MIT FLÜSSIGEM KERN
Dieses Rezept finden Sie auf Seite 116

Überhaupt ist die Alte Scheune ein Haus der Tradition. Gunnar Runge ist schon seit über 15 Jahren hier, kennt seine Gäste genau und weiß um ihre kulinarischen Wünsche und Vorlieben. „Für uns war klar, als wir herkamen, dass wir ihn auf jeden Fall übernehmen. Manch ein Gast muss gar nicht erst bestellen, weil Gunnar genau weiß, was er mag", erklärt Christian Gumprecht. Man spürt deutlich: Das Erfolgstrio hat die Zukunft des Hauses fest im Griff.

Und Verena und Christian Gumprecht sind sicher: Wir bleiben hier, das Landhaus Alte Scheune ist unser Zuhause geworden, und wir werden unseren Gästen noch lange eine kulinarische Heimat geben!

LANDHAUS ALTE SCHEUNE
Verena & Christian Gumprecht
Alt Erlenbach 44
60437 Frankfurt am Main
Telefon 0 61 01 / 54 40 00
reservierung@alte-scheune.de
www.alte-scheune.de

RESTAURANT
ALEXIS SORBAS

HELLAS IN FRANKFURT

Feine griechische Küche im Restaurant Alexis Sorbas

Mitten in einer ruhigen Wohnstraße im Stadtteil Niederrad ist ein Stückchen Griechenland zu entdecken. Das kleine, behagliche Restaurant Alexis Sorbas liegt zwar etwas versteckt zwischen den angrenzenden Wohnhäusern, doch für Fans der griechischen Küche ist es eine wohlbekannte Adresse. In den vergangenen vier Jahrzehnten hat es seinen festen Platz in der Gastronomielandschaft der Stadt souverän behauptet.

Auch Besitzerwechsel haben den guten Ruf des Hauses nicht beeinträchtigt, sondern sorgten im Gegenteil für eine erfolgreiche Weiterentwicklung. Denn es ist eine nie geplante, aber dennoch bestens funktionierende Tradition im Alexis Sorbas, dass der Oberkellner zum Chef avanciert. Genau so war es bei Athanasios Pappas, der das Haus seit Anfang 2015 führt, und so war es auch bei seinen beiden Vorgängern. Geändert hat er am Konzept seiner Vorgänger nichts. Denn dieses ist seit über 40 Jahren erfolgreich. Ergo war es für ihn auch keine schwere Entscheidung, das Alexis Sorbas zu übernehmen, als sein früherer Chef es ihm anbot.

Geblieben ist vor allem die vielseitige Speisenauswahl mit klarem griechischem Fokus, aber auch deutlichen mediterranen Akzenten. Sicher, die typischen Gerichte wie Gyros, Moussaka, Calamari oder Souvlaki gibt es hier auch. Denn manche Gäste kommen genau deswegen so gerne her, vielleicht auch, weil es sie an ihren letzten Urlaub im Land der Hellenen erinnert. „Was den Deutschen die Bratwurst oder das Schnitzel, das ist den Griechen das Gyros", meint Athanasios Pappas, „das darf natürlich nicht von der Karte."

Besondere Gaumenkitzler sind indes die saisonalen Gerichte, die im monatlichen Wechsel die Speisekarte ergänzen: eine kleine, feine Auswahl an sorgfältig komponierten Speisen, die jeweils auch in die zur Auswahl stehenden Menüs in drei Gängen eingebunden sind. Hier fließen griechische und andere mediterrane Einflüsse ineinander, ergänzen sich zu einem stimmigen, aromenreichen Ganzen. „Wir Griechen backen, grillen und schmoren gern. Entsprechend spiegelt sich das auch in unseren Speisen wider", erklärt Athanasios Pappas. So kommt bei der Melitzana die Aubergine direkt aus dem Räucherbackofen, bevor sie mit Basilikumpesto, fein gehackten Tomaten,

Frühlingszwiebeln, Walnüssen und Oregano serviert wird. Der im Sesammantel ausgebackene Ziegenhartkäse ruht sanft auf seinem Olivenbett. Lammhaxe und Kaninchenkeule schmoren gemütlich in einem Sud aus Weißwein und Kräutern, und der Loup de Mer wird je nach Wunsch gegrillt, gebacken oder im Salzmantel gegart. Zum Dessert gibt's dann noch griechischen Baumkuchen aus weißer und brauner Schokolade mit Vanillecreme und Zitronensorbet oder halbflüssiges Soufflé aus Valrhona-Schokolade mit Früchten und Pistazieneis.

Bei der Weinauswahl zeigt sich Athanasios Pappas, der in Deutschland geboren wurde und in Offenbach aufwuchs, aber auch für einige Jahre in Griechenland lebte, heimatverbunden: Ausschließlich griechische Tropfen sind auf der Karte zu finden, aber diese passen eben auch am besten zur hellenischen Küche.

Stilvoll aufeinander abgestimmt ist auch das Ambiente des Alexis Sorbas. Die dunklen Holzbalken stehen in reizvollem Kontrast zur weißen Tischwäsche, die zuvorkommenden Ober mit ihren langen, gestärkten Schürzen heißen den Gast sofort willkommen, im Hintergrund ertönen leise griechische Weisen – diese Atmosphäre bereitet den passenden Rahmen für ein Essen mit Freunden oder der Familie.

Wer einmal hier war, kommt gerne wieder. Die Commerzbank Arena – Heimspielstätte der Frankfurter Eintracht und bekannte Open-Air-Konzertkulisse im Sommer – sowie die Galopprennbahn, deren Gelände gerade zur zukunftsweisenden Akademie des Deutschen Fußball-Bundes ausgebaut wird, liegen nur ein paar Fahrminuten entfernt. Auch am Flughafen und in der City ist man schnell. So ist das Einzugsgebiet seiner vielen Stammgäste sehr groß. Und manchmal sogar so groß, dass es selbst Athanasios Pappas überrascht. „Ich hatte mal Gäste aus Los Angeles, die sind extra zu uns gekommen, weil Freunde in den USA bei uns essen waren und uns empfohlen haben", erzählt er zum Abschied nicht ohne Stolz.

RESTAURANT ALEXIS SORBAS
Athanasios Pappas
Güntherstraße 42a
60528 Frankfurt am Main
Telefon 0 69 / 67 24 62
info@alexis-sorbas-restaurant.de
www.alexis-sorbas-restaurant.de

CUCINA ITALIANA AUTENTICA

Restaurant Quattro – das italienische Herz Frankfurts

Ein wenig versteckt liegt das Quattro, nur wenige Schritte abseits des Trubels auf der lebhaften Einkaufsmeile Zeil, in der Gelbehirschstraße, einer kleinen Seitenstraße unweit der Konstablerwache. Seit über 20 Jahren serviert Familie Greco hier ihre feine italienische Küche, die sich mit klassisch-kreativen Speisen den unterschiedlichsten Regionen des Stiefels widmet.

Die typisch italienische Gastfreundschaft, die so viele Gäste aus dem Urlaub kennen und schätzen – im Quattro wird sie authentisch zelebriert. Guiseppe Greco führt das Quattro gemeinsam mit seinem Bruder Andrea in zweiter Generation. Ihre Eltern haben es in den 1990er-Jahren hier im Herzen Frankfurts eröffnet und als Anziehungspunkt für Fans der mediterranen Küche etabliert. Die beiden Söhne setzen diese Tradition erfolgreich fort.

Das Ambiente zeigt sich edel-rustikal. Warme Backsteinwände, feine Tischwäsche und moderne Kunst ergänzen sich zu einem stilvollen Gesamtbild. Mit einer echten Überraschung wartet der lichtdurchflutete Wintergarten im Gastraum auf: Im Sommer lassen sich dessen Wände und Dach komplett versenken. Umgeben von vielen Grünpflanzen entsteht so ein romantisch-mediterraner Innenhof.

Mit dem kulinarischen Angebot wird das Dolce-Vita-Gefühl dann perfekt. Antipasti, hausgemachte Pasta, Pizza, Fleisch und Fisch sowie verführerische Dolci zum Dessert verwöhnen den Gaumen. Dazu werden Weine aus den renommierten italienischen Anbaugebieten serviert, von der Toskana bis zum Piemont, vom Trentino bis Sizilien, der Heimat der Grecos. Aber auch Deutschland, Frankreich und Südafrika schicken ihre vinophilen Vertreter.

Aromenreich abgestimmt zeigen sich Speisen wie Kalbsfilet mit Parmesankruste und gehobeltem Trüffel, Wolfsbarsch vom Grill oder hausgemachte Tortelloni, gefüllt mit Parmaschinken, und Feigen in Zitronensauce. Vorneweg gibt's Klassiker wie Vitello tonnato oder Melanzane, gegrillte Auberginen mit Pecorinokäse. Zum Abschluss dann noch Pannacotta, Tartufo oder Cassata zum Espresso – wer jetzt die Augen schließt, ist in Italien … Buon appetito!

QUATTRO RISTORANTE ITALIANO
Guiseppe Greco
Gelbehirschstraße 12
60313 Frankfurt am Main
Telefon 0 69 / 29 37 77
info@quattro-frankfurt.de
www.quattro-frankfurt.de

ELDORADO FÜR NATURLIEBHABER: DER ODENWALD, HIER BLICK VON DER VESTE OTZBERG AUF DEN WINZIGEN ORT HERING, SOWIE DER GROSSE FELDBERG MIT SEINEM MARKANTEN BRUNHILDISFELSEN (RECHTE SEITE, R.)

EINFACH MAL RAUS AUS DER STADT

Schlösser, Burgen, Naturoasen: Frankfurts Umland hat viel zu bieten

In ihrer Freizeit zieht es die Frankfurter gerne raus aus der Stadt. Weit fahren müssen sie dafür nicht. Wunderschöne Landschaften umsäumen die Region und sind schnell erreichbar: der waldreiche Spessart, der Odenwald mit der sonnenverwöhnten Bergstraße, der rebenreiche Rheingau, die fruchtbare Wetterau und der idyllische Vogelsberg. Und direkt vor der Haustür liegt das beliebte Naherholungsgebiet der Stadtbevölkerung, der Taunus mit dem 880 Meter hohen Großen Feldberg als höchster Erhebung.

Bereits der große Sohn der Stadt, Johann Wolfgang von Goethe, wanderte gerne hinauf auf den Feldberg, wie er in „Dichtung und Wahrheit" festhält: „Durch zufällige Anregung, sowie in zufälliger Gesellschaft stellte ich manche Wanderung nach dem Gebirge an, das von Kindheit an so fern und ernsthaft vor mir gestanden hatte. So besuchten wir Homburg, Kroneburg, bestiegen den Feldberg, von dem uns die weite Aussicht immer mehr in die Ferne lockte."

Die Faszination ist bis heute ungebrochen. Im Winter fährt man rund um den Großen und Kleinen Feldberg gepflegt Ski, im Sommer laden unzählige Wanderwege zur Erkundung des Naturparks Taunus. Wahrzeichen des Feldbergs ist der markante, knapp 70 Meter hohe Fernmeldeturm, der 1937 errichtet wurde und inzwischen unter Denkmalschutz steht. Neben einem Berghotel und einer Falknerei sind vor allem der Aussichtsturm sowie der Brunhildisfelsen mit ihren fantastischen Fernsichten Anziehungspunkte auf dem Gipfelplateau.

Geschichtlich Interessierte finden im Frankfurter Umland allerorts Möglichkeiten für einen Gang durch die Historie. Zurück in die Römerzeit entführt die Saalburg, ein originalgetreu rekonstruiertes Römerkastell, das Teil des Obergermanisch-Raetischen Limes war und der Grenzsicherung diente. Beispiele für die mittelalterliche Wehrhaftigkeit der Region geben die drei Burgruinen von Kronberg, Falkenstein und Königstein, die über den 3-Burgen-Weg miteinander verbunden sind. Bad Homburg gewährt mit dem prächtigen frühbarocken Schloss, das von einem Park im englischen Landschaftsgartenstil umrahmt wird, einen Einblick in die Herrschaftszeit der Landgrafen von Hessen-Homburg, die hier ab Ende des 17. Jahrhunderts residierten. Als das Landgrafengeschlecht ausstarb, fiel das Schloss an die Preußen, die es als

Sommerresidenz nutzten. Fortan kamen preußische Könige und deutsche Kaiser zum Kuren nach Bad Homburg.

Weniger mondän, aber ebenso wohltuend: Auch der kleine Kurort Bad Vilbel ist bekannt für seine gesundheitsfördernden Heilquellen. Vier Trinkbrunnen laden im weitläufigen Kurpark an der Nidda zur Verkostung des gesunden Heilwassers. Sehenswert ist das römische Wassermosaik in einem modernen Glaspavillon, das Oceanus, den Gott des Meeres, mit vielen Fabelwesen zeigt. Es ist allerdings eine Replik, das Original befindet sich im Hessischen Landesmuseum Darmstadt. Am Rande des Kurparks erhebt sich die Ruine einer alten Wasserburg aus dem 12. Jahrhundert. Die steinernen Reste beherbergen das Brunnenmuseum und bilden seit 1987 die Kulisse der renommierten Burgfestspiele, die alljährlich von Juni bis September anspruchsvolle Inszenierungen bieten.

Nicht zuletzt kann ein Blick hinüber zu den Nachbarn reizvoll sein. Auch Offenbach, Frankfurt seit Jahrhunderten in – na, sagen wir mal: ruppig-freundschaftlicher – Rivalität verbunden, die im Mittelalter durch territoriale Konflikte ausgelöst wurde, hat Besuchern so einiges zu bieten. Beispielsweise mit dem Deutschen Ledermuseum, das an die Zeit erinnert, als Offenbach das Zentrum der deutschen Lederindustrie war. Dem Deutschen Wetterdienst ist nicht nur eine verlässliche Wettervorhersage zu verdanken, sondern auch der öffentliche Wetterpark, in dem die Besucher auf einem Lehr- und Erlebnispfad die unterschiedlichsten Wetterphänome wie Blitz und Donner, Wind, Sonne oder Dunst mit allen Sinnen kennenlernen und begreifen können.

Von der früheren Bedeutung Offenbachs zeugen vor allem die drei Schlösser der Stadt. An die Residenzzeit der Grafen von Isenburg erinnert das Isenburger Schloss, das heute die Hochschule für Gestaltung beherbergt. In der Renaissanceanlage nächtigte 1631 Schwedenkönig Gustav Adolf II., bevor er am nächsten Tag die Frankfurter Ratsherren zur Aufgabe ihrer Stadt aufforderte.

Schloss Rumpenheim, direkt am Main im gleichnamigen Stadtteil gelegen, erlebte seine Glanzzeit im 18. und 19. Jahrhundert als Sommerresidenz der einflussreichen Landgrafen von Hessen-Kassel. Der europäische Hochadel war gern zu Gast in der stattlichen dreiflügeligen Anlage mit weitläufigem Park. Goethe indes nächtigte lieber im neobarocken Büsing-Palais der reichen Fabrikantenfamilie D'Orville. Hier verbrachte er einen Sommer mit seiner Verlobten Lili Schönemann, und das Paar flanierte gerne im englischen Landschaftsgarten sowie dem angrenzenden Lili-Park. Heute sind hier neben einem Hotel das Klingspor-Museum für Schriftkunst und Typografie sowie die Stadtbibliothek beheimatet.

URBANE HEKTIK ADE: DIE WASSERBURG IN BAD VILBEL (O.), DAS RÖMISCHE MOSAIK IM KURPARK VON BAD VILBEL (LINKE SEITE, O.), RESTAURANTSCHIFF AUF DEM MAIN (LINKE SEITE, U. L.), DAS BÜSING-PALAIS IN OFFENBACH (U. R.)

NATUR VOR DER HAUSTÜR: DIE WETTERAU, IM HINTERGRUND DIE FRANKFURTER SKYLINE

PRAGG & SONS
Mr SAML LONDON
HONI SOIT QUI
Hock's

ZWEI PERFEKTE WELTEN

Hock's Restaurant ist Landgasthof und Eventlocation

Als Nadine Grammel und Uwe Ortgies im Jahr 2012 das Traditionshaus Hock's Restaurant in Karben-Rendel übernahmen, hatten sie eine Vision: einen edel-rustikalen Landgasthof, der die hessische Küche zeitgemäß präsentiert, sowie eine einzigartige Eventlocation, die vielseitige Erlebniswelten inszeniert, an einem Ort zu vereinen. Mit innovativen Ideen und professionellem Know-how haben die früheren Einrichtungsprofis es geschafft, aus dem ehemaligen Dorfgasthaus einen neuen gastronomischen Mittelpunkt zu schaffen, der mit einem abwechslungsreichen Programm Gäste aus weitem Umkreis begeistert.

Das von warmem Holz dominierte Restaurant verzweigt sich in mehrere Gasträume wie das urige Alpenstüberl, in dem im Winter Fondue-Abende stattfinden, die stylishe Lounge, die Outdoor-Bar vor dem Eingang oder den mediterranen Innenhof. Hier wird eine regional-saisonal ausgerichtete Landhausküche mit viel kreativer Verve serviert. Gerichte wie Presskopf-carpaccio mit Apfel-Zwiebel-Vinaigrette, lauwarmer Handkäse mit Cointreau und Birnenspalten oder die mit Steinpilzen gefüllten Tortelloni an Orangensauce mit angerösteten Blutwurststückchen verbinden die Heimat kulinarisch mit der Welt.

Daneben verwandelt sich der ehemalige Saal des Rendeler Kinos nebenan mit einer stimmigen, detailreichen Dekoration regelmäßig in filmreife Themenwelten. Zum Beispiel beim James-Bond-Abend mit Casino, Schießstand und Diskothek Octopussy oder der Cuba-Night, bei der die Gäste bei Rum, Zigarren und Cocktails zu lateinamerikanischen Rhythmen feiern. Auch für Festlichkeiten aller Art, von der Hochzeit im kleinen Kreis bis zur großen Firmenfeier mit 120 Gästen, lassen Nadine Grammel und Uwe Ortgies hier fantasievolle Traumwelten entstehen – nichts ist unmöglich, alles denkbar, schließlich gleicht der Deko-Fundus der beiden mit 200 Quadratmetern dem eines Theaters.

Die Gastronomen aus Leidenschaft, wie sich das sympathische Paar selbst bezeichnet, bietet seinen Gästen – ob im Restaurant oder im Event-Bereich – also stets den perfekten Rahmen für ein bleibendes kulinarisches Erlebnis.

HOCK'S RESTAURANT UND EVENTLOCATION
Nadine Grammel & Uwe Ortgies
Gronauer Weg 9
61184 Karben
Telefon 0 60 39 / 93 78 57
reservierungen@hocks-restaurant.de
www.hocks-restaurant.de

AN VERSCHIEDENEN ORTEN, EINMAL BIN ICH ZWEIMAL AN ZWEI VERSCHIEDENEN
SETZEN, ODER DREI DINGE HINTER
SIEBENUNDFÜNFZIG UND ZWEIMAL AN VIERUNDDREISSIG VERSCHIEDENEN ORTEN, EINMAL BIN ICH ZWEIMAL AN ZWEI VERSCHIEDENEN
WANZIG MONATE, ODER NEUN SEKUNDEN WIE SECHZEHN WOCHEN ORTEN, UND... Etc.
G TAGE, ODER... Etc. WENN ICH EINMAL DARAN DÄCHTE, ODER ZWEI TAGE WIE ZWEIUNDFÜNFZIG
CH DREIMAL DARAN DÄCHTE, WÄRE ES DIE »DREI«. WENN ICH JEDOCH ZEHNMAL DARAN DÄCHTE, IST
WAS MEINE LIEBLINGSZAHL WÄRE, WÜRDE

DIE WELT AUF DEM TELLER

Das Restaurantcafé in der ALTEn MÜHLE bietet ein vielseitiges Genussprogramm

KAISERSCHMARREN MIT ZWETSCHGENRÖSTER

Dieses Rezept finden Sie auf Seite 117

Eine ehemalige Getreidemühle ist die imposante Kulisse des Restaurantcafés ALTE MÜHLE in Bad Vilbel. Direkt an der Nidda und gegenüber der Ruine der ehemaligen Wasserburg gelegen, gehört das eindrucksvolle Gebäude zu den beliebten Hotspots der Quellenstadt. Nicht zuletzt, weil es noch eine Musikschule, ein Kino sowie ein Theater birgt, das mit einem abwechslungsreichen Programm von Kabarett und Comedy über Schauspiel bis hin zu Musikveranstaltungen aufwartet.

Das Restaurantcafé lädt zur wohltuenden Auszeit vom Alltag. Das Publikum ist bunt gemischt, Jung und Alt, Familien, Geschäftsleute und Besucher der Stadt sitzen im historischen Innenraum mit den meterdicken Außenmauern zusammen, dessen modernes, klares Interieur einen wirkungsvollen Kontrapunkt setzt. Bei Sonnenschein nehmen die Gäste gerne draußen im grün umrankten, idyllischen Restaurantgarten Platz.

Die Atmosphäre ist ebenso entspannt wie lebendig, die Gäste werden herzlich in Empfang genommen, viele von ihnen kennt Hausherr Alfredo Di Rienzo seit Jahren. Halb Österreicher, halb Italiener, ist er mit Leib und Seele Gastronom und ein ebenso charmanter wie versierter Gastgeber. Zwar absolvierte er zunächst ein dreijähriges privates Fremdenverkehrscollege, dem schloss er dann aber noch eine Ausbildung zum Koch an und machte seine Leidenschaft für gutes Essen und kreatives Kochen schließlich zum Beruf. 1996 übernahm er mit seinem Geschäftspartner Jan Sir das Restaurant in der Alten Mühle und etablierte ein kulinarisches „Rund-um-die-Uhr-Programm".

Täglich außer montags – da öffnet das Restaurantcafé erst um 17 Uhr seine Türen – gibt es ab 11 Uhr (sonntags schon ab 10 Uhr) vielseitige Leckereien. Die Speisenauswahl reicht von Frühstück, schnellem Mittagstisch und Lunch über Kaffee und selbst gebackenen Kuchen bis zur umfangreichen Abendkarte.

Mit abwechslungsreichen Frühstücksvariationen, die etwa Berlin, Manhattan, Paris oder St. Moritz heißen, geht es los. Mittags steht ein täglich wechselndes günstiges Tagesgericht im Angebot, und auch die Lunchkarte zeigt sich mit kreativen kleinen Gerichten, die Energie für den Rest des Tages spenden. Am Abend lassen sich die Gäste dann gern Zeit mit dem Genießen und freuen sich über eine einfallsreiche kosmopolitische Speisenauswahl, die sich von den Küchen dieser Welt inspirieren lässt, aber auch ihre Heimat nicht vergisst.

Hochwertige, authentische Grundprodukte aus aller Welt werden aromenreich miteinander vereint. So tritt beispielsweise Burrata, ein cremiger, dem Mozzarella verwandter Frischkäse aus Apulien, mit Rucola, Strauchtomaten und Basilikumpesto auf. Afrika kommt mit „Yoko-Gari", ein Gericht aus Ghana mit Augenbohnen, frittierten Kochbananen und geriebenem Maniok, auf den Teller. Das zarte Rinderfilet zeigt sich mit Papas arrugadas, spanischen Salzkartoffeln, und Bärlauchschmand, und das Lachsfilet tritt mit gebratenem grünem Spargel und Orangensauce auf.

Alfredo Di Rienzo steht auch heute noch gern am Herd und konzipiert darüber hinaus die stetig wechselnde Speisenauswahl selbst, denn er weiß genau, was seine Gäste schätzen. Der Tafelspitz mit Grüner Soße, die hausgemachten Waffeln oder der Kaiserschmarren dürfen nicht von der Karte verschwinden, sonst gibt es Ärger mit den Stammgästen. So weltläufig die Speisen, so nachhaltig die Produkte. Deren transparente Herkunft ist Alfredo Di Rienzo sehr wichtig. Wo möglich, greift er auf regionale Produzenten zurück: Bio-Eier vom Bauernhof, heimisches Gemüse und Obst sowie der Gang durch die Frankfurter Kleinmarkthalle gehören zur festen Einkaufsroutine. Saucen, Fonds und Suppen werden selbst gekocht, ebenfalls die Marmeladen fürs Frühstück. Da macht der Hausherr keine Kompromisse.

In Kooperation mit dem Kino in der Alten Mühle bietet das Restaurantcafé überdies regelmäßig kleine Genuss-Pakete für die Filmfans, die ein Süppchen, Croissant oder Törtchen zum Film beinhalten – die perfekte Melange aus Genuss und Kultur.

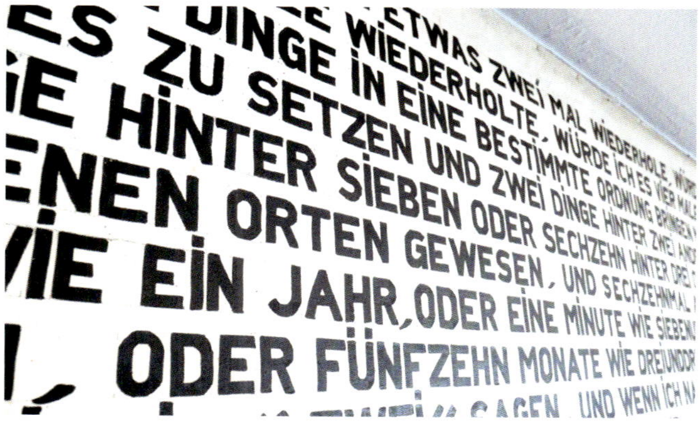

RESTAURANTCAFÉ ALTE MÜHLE
Alfredo Di Rienzo
Lohstraße 13
61118 Bad Vilbel
Telefon 0 61 01 / 12 72 83
info@altemueble.net
www.altemueble.net

VON GLÜCKLICHEN GESCHÖPFEN

Ein Leben im Einklang mit der Natur

Neugierige Augen blicken den Besucher an, um zu begutachten, wer da gerade vorbeikommt. Dann wenden sich die sanften Kühe wieder ihresgleichen zu, während auch die Schweine drüben unbeirrt nach Essbarem suchen. Willkommen auf dem Dottenfelderhof, ein echtes Bauernhofparadies für gestresste Städter. Und ein wunderbares Beispiel dafür, dass ein biologisch-dynamisch geführter Betrieb erfolgreich wirtschaften kann. Das beweist die engagierte Hofgemeinschaft mit über 100 Menschen, die hier leben und arbeiten, seit beinahe 50 Jahren.

1968 schlossen sich auf diesem geschichtsträchtigen Boden an der Nidda-Schleife, der bereits ab dem 9. Jahrhundert als königliches Lehen kultiviert worden war, fünf Familien zu einer Betriebsgemeinschaft zusammen, um ihre Vision von einer Landwirtschaft im Einklang mit der Natur nach den Lehren des Anthroposophen Rudolf Steiner sowie den Richtlinien des Demeter-Verbandes zu verwirklichen. Ihre Philosophie ist ebenso einfach wie umfassend: „Wir pflegen die Erde, auf der wir leben. Wir beuten sie nicht aus, sondern wir machen ihr den Hof. Nur so kann sie auch für künftige Generationen Lebensgrundlage bleiben", sagt Roland Wagner, einer der sieben geschäftsführenden Gesellschafter des Dottenfelderhofs.

Drei große Säulen tragen das Gesamtkonzept: 200 Hektar Landwirtschaft mit Verarbeitung und Direktvermarktung, der Bereich Forschung und Züchtung und die 1974 gegründete Landbauschule, die staatlich anerkannte Fachkräfte für biologisch-dynamischen Landbau ausbildet. Junge Menschen aus aller Welt, von Chile bis Neuseeland, von Südafrika bis Japan, kommen Jahr für Jahr nach Bad Vilbel, um diese nachhaltige Form der Landwirtschaft kennenzulernen – und als Multiplikatoren mit in ihre Heimat zu nehmen.

Zudem ist der Dottenfelderhof ein Vorreiter in der Erhaltung alter und der Züchtung neuer biodynamischer Getreide- und Gemüsesorten und bildet damit ein Gegengewicht zu den marktbeherrschenden konventionellen Zuchtbetrieben, die die Sortenvielfalt zum Erliegen bringen.

Längst ist die Idee biologisch erzeugter Lebensmittel keine Nische mehr, sie hat sich fest verankert im Bewusstsein vieler verantwortungsvoller Verbraucher. So erhalten die Kunden des Hofes – zum Beispiel auf dem Lehrpfad, der durch das Gelände führt – auch ein tieferes Verständnis für den Kreislauf der Natur.

Da sind zunächst die vielen Tiere, die allesamt von hofeigenem Futter ernährt werden und im Gegenzug Dünger für die Felderwirtschaft „produzieren". 80 schwarzbunte Milchkühe mit Kälbern, sechs Zuchtsauen samt Ferkeln sowie Mastbullen und Eber, die für diesen Nachwuchs sorgen, leben hier ein artgerechtes Leben. Hinzu kommen Pferde, beispielsweise die Kaltblüter Fritz und Max, die ab und an bei der Feldarbeit helfen, mehrere Schafe sowie 1450 Hühner und Hähne, die draußen auf der Wiese scharren dürfen. Die Brüderhähne, die in der konventionellen Landwirtschaft nutzlos sind und daher sofort ihr Leben lassen müssen, werden in einem Partnerbetrieb aufgezogen.

Was in den Ställen und auf den Feldern wächst und gedeiht, wird auf dem Hof verarbeitet und verkauft. Aus dem Holzbackofen im Backhaus kommen über 40 Brot- und eine Vielzahl an Brötchensorten, außerdem Backwaren, Kuchen und Torten. Die Käserei bietet ein leckeres Sortiment von Milchprodukten sowie Weich-, Frisch- und Schnittkäse. Der Hofladen wartet mit einem umfassenden Vollsortiment auf, der es mit jedem Supermarkt aufnehmen könnte. Hier finden sich alle Obst- und Gemüsesorten, die der Hof je nach Saison zu bieten hat, dazu Wurst und Fleisch, eigene Obstsäfte, Getränke von Limonade bis Wein, sogar Kosmetikartikel und Gewürze. Wer da Appetit bekommt, kann im kleinen Hofcafé einkehren.

Eigeninitiative ist bei den vielen Veranstaltungen für Jung und Alt gefragt. In den lehrreichen Workshops lernen die Teilnehmer beispielsweise das Käsemachen, Brotbacken oder alles über Kräuter. Und für Kinder gibt es die Veranstaltungen des Schulbauernhofes. Auf dem Dottenfelderhof findet einfach jeder etwas Passendes für Leib und Seele. Und es gibt nur wenige, die nicht ohne ein Lächeln nach Hause fahren.

LWG DOTTENFELDERHOF KG
Dottenfelderhof
61118 Bad Vilbel
info@dottenfelderhof.de
www.dottenfelderhof.de

Au Vieux Four
routard
2008
plat du jour
16€
Risotto premontais
au chèvre frais de
digne, légumes au
Lard grillé &. jus
aux olives toggias

SAVOIR-VIVRE IN MAINTAL

Das Restaurant Fleur de Sel holt ein Stück Südfrankreich nach Deutschland

DUO VON ROTBARBE UND PULPO AUF SAFRAN-RISOTTO *Dieses Rezept finden Sie auf Seite 118*

Auch wenn das fliederfarbene Lavendelfeld nur gemalt ist und die Florscheidstraße in einem ruhigen Wohngebiet in Maintal und nicht im Hinterland der Côte d'Azur liegt, so gleicht ein Besuch im Restaurant Fleur de Sel einer genussvollen Auszeit in Südfrankreich. Das mediterran inszenierte Ambiente versetzt den Gast sofort in südliche Gefilde und weckt Urlaubsgefühle. Und genau das ist auch das erklärte Ziel der Gastgeberfamilie. Die Theumers sind sehr frankophil und bieten eine französisch-mediterrane Küche mit viel Spaß am kreativen Aromenspiel. Dabei gilt die Maxime: „Wir wollen in erster Linie das beste Produkt auf den Teller bringen", wie Küchenchef Patrick Theumer seine Philosophie erklärt.

Er führt das Fleur de Sel, benannt nach dem edelsten Meersalz der Welt, gemeinsam mit Schwester Christine, Vater Horst und seiner französischen Mutter Patrice. Christine, eine gelernte Köchin, die für den herzlich-charmanten Service verantwortlich zeichnet, führte selbst vor einigen Jahren ein kleines Restaurant im Hinterland der Côte d'Azur, einmal mehr ein Beweis für die Liebe zu Frankreich und seiner Küchenkultur.

Man spürt den engen und vertrauensvollen Zusammenhalt der Familie in vielen Details. Alle wohnen unter einem Dach, gleich über dem Restaurant, Entscheidungen werden gemeinsam getroffen. Der Name Theumer ist in Maintal schon lange ein Begriff. Die Eltern von Horst Theumer, die das Haus im Jahr 1966 erbauten, führten hier viele Jahre ein Lebensmittelgeschäft, später verpachteten sie die Räumlichkeiten. Am 5. November 2011 eröffnete die Familie dann das Fleur de Sel, ein Herzenswunsch. „Wir spiegeln mit unserem Restaurant und unserer Küche wider, was wir sind", erklärt Horst Theumer mit einem Lächeln, „eine gelungene und harmonische deutsch-französische Liaison!"

Patrick Theumer erlernte und verfeinerte in renommierten Häusern der Mainmetropole Frankfurt sein Handwerk, wie den Sterne-Restaurants Brick und dem stylishen Silk im legendären

Au Vieux Four

Cocoon-Club. Dann zog es ihn nach Franken ins Restaurant Dorf am See, bevor er nach Maintal zurückkehrte. Er ist „das kreative Hirn“ des Hauses, wie seine Schwester unterstreicht. Wunderbar unaufgeregt ist der Küchenchef mit seiner Crew am Werk, stets unter den interessierten Augen der Gäste, denn die zum Gastraum hin offene Küche erlaubt jederzeit den Blick auf das emsige Treiben am Herd.

Die Speisenauswahl wechselt monatlich, an jedem ersten Mittwoch im Monat wird die neue Karte vorgestellt. Spannende Genusspaare bilden Kompositionen wie das Kaninchenrückenfilet an gebratenen Drillingen mit Sprossen, Zuckerschoten, Perrinitomaten, grünem Spargel und Salbeijus oder die Medaillons vom Schwertfisch mit Curcumarisotto, Hummerbutter-Espuma und sautiertem Gemüse. Auch Vegetarier und Veganer kommen nicht zu kurz, sondern werden etwa mit hausgemachten Tomatengnocchi an Schmelztomaten, geschmorten Schalotten, Auberginen, Pesto und Parmesansauce verwöhnt.

Zu den beliebtesten Speisen gehören französische Klassiker wie die Bouillabaisse, das besonders zarte Onglet de Bœuf oder Coq au vin, auch für ihre Krustentierkreationen ist das Fleur de Sel berühmt. Am Mittag gibt es nach französischem Vorbild eine täglich wechselnde „Plat du jour“. Die Speisenauswahl darf aber durchaus auch mal die Provence verlassen. So gehört vor allem das original Wiener Schnitzel mit Gurkensalat und Preiselbeeren zum Repertoire … und darf da auch nicht fehlen.

Die Weinkarte zeigt – natürlich – einen deutlich französischen Schwerpunkt und präsentiert edle Tropfen aus mehreren französischen Weinanbaugebieten, aber auch deutsche Weine aus den nahe gelegenen Regionen, sie beziehen die Theumers direkt von den Winzern vor Ort.

Inzwischen ist das Fleur de Sel längst kein Geheimtipp mehr und hat bereits mehrere Auszeichnungen erhalten, unter anderem vom renommierten Varta-Führer und aufgrund des sehr positiven Gäste-Feedbacks auch das „Zertifikat für Exzellenz“ von Tripadvisor.

RESTAURANT FLEUR DE SEL
Familie Theumer
Florscheidstraße 19
63477 Maintal
Telefon 0 61 81 / 9 68 33 85
info@restaurant-fleurdesel.de
www.restaurant-fleurdesel.de

STERNE-KOCHCLUB
DEUTSCHLAND

EIN ORT DER KOMMUNIKATION

Im Sterne-Kochclub-Deutschland wird Kochen zum Erlebnis

Genuss auf hohem Niveau mit hochwertigen Zutaten, kreativen Rezepten in einem Rahmen, der die Freude am gemeinsamen Kochen und Genießen gewährleistet: Das sind die Ingredienzen im Erfolgskonzept des Sterne-Kochclub-Deutschland. Sein Initiator, Claus Fischer, hat sich hier einen Lebenstraum verwirklicht. Sein Berufsweg führte den Küchenmeister in renommierte Häuser im In- und Ausland, auch für den saudischen König kochte er bereits. Bis ihn sein guter Freund Peter Müller davon überzeugte, endlich den lang gehegten Wunsch von der eigenen Kochschule, in der er sein Wissen und seine Erfahrungen weitergeben kann, zu realisieren. Gemeinsam mit Küchenchef Dirk Schneck setzt er seit 2003 in Offenbach ein vielseitiges Eventprogramm um. Die beiden sind ein eingespieltes Team, gehen in der Freizeit sogar zusammen paddeln.

Ihr Service-Portfolio ist vielseitig. Der Kochclub steht zunächst seinen 60 Mitgliedern offen, die sich, geeint in der Begeisterung für gutes Essen, regelmäßig zum Stammtisch treffen und über die unterschiedlichsten kulinarischen Themen austauschen.

Die Räumlichkeiten können aber auch für private Events, Seminare und Tagungen gemietet werden, inklusive einer umfänglichen kulinarischen Begleitung. Des Weiteren veranstalten Claus Fischer und sein Team Kochkurse, die sich um die perfekte Zubereitung von Rouladen, Steaks und Pasta, die Küchen Mallorcas, Südamerikas oder Hessens oder effektive Schneidetechniken drehen, um nur einige Beispiele zu nennen.

Und dann gibt es noch die Koch-Events, bei denen die Gäste selbst zum Küchenchef werden und unter Anleitung der Kochclub-Profiköche ihr Menü selbst zubereiten. Auch wenn manch ein Gast erst mal staunt, wenn er erfährt, dass er sich sein Dinner selbst zubereiten wird, ist das stets ein großer Spaß für alle Beteiligten. Die offene Showküche mit hochwertigen und modernsten Küchengeräten ist die Aktionsfläche. Sie ist das Zentrum des Gastraums, alles passiert an einem Ort, das fördert die Kommunikation und das Gemeinschaftsgefühl. Genau so, wie Claus Fischer es sich immer gewünscht hat.

STERNE-KOCHCLUB-DEUTSCHLAND
Claus Fischer
Bert-Brecht-Straße 4
63069 Offenbach
Telefon 0 69 / 83 83 58 87
info@skd-info.de
www.sterne-kochclub-deutschland.de

ÜBER 115 JAHRE GENUSSGESCHICHTE

Feinkost Dittmann ist Deutschlands Antipasti-Pionier

Als Carl Dittmann 1901 in Wiesbaden seinen Feinkosthandel mit Sardellen, Sardellenpaste und Kapern gründete, konnte er nicht ahnen, dass er damit den Grundstein für eine lange Erfolgsgeschichte legen würde. Nach Geschäftspartner Leo Halbleib tritt 1965 Günter Reichold in das Unternehmen ein und übernimmt es sechs Jahre später als alleiniger Inhaber. Der passionierte Spanienurlauber erkannte mit klarem Weitblick, dass seine reisefreudigen Landsleute die Spezialitäten aus der Ferne sicher auch gern daheim genießen würden. So wurde Reichold in den 1970er-Jahren zum Pionier für mediterrane Antipasti in Deutschland.

Seit 2000 sind Reicholds Söhne Timm und Thorsten Geschäftsführer und Mitgesellschafter – gemeinsam stehen sie dem globalen Feinkostunternehmen vor, das heute in 28 Länder exportiert, bei vielen Produkten Marktführer ist.

Alle Prozessschritte, von der Ernte der Rohware über Entwicklung und Produktion bis hin zu Vertrieb und Kundenbetreuung werden hausintern gesteuert. Dies garantiert eine stabil hohe Qualität und Güte der über 1000 Produkte des Sortiments, das sich in unterschiedliche Marken verzweigt. Sardellen und Oliven sowie Olivenöle gehören nach wie vor zu den Topsellern. Daneben gibt es Pfefferonen, Kapern, Palmenherzen, Artischocken, Pesto, Balsamico-Essige aus Modena, Soja- oder Worcester-Sauce, Sol- und Wachteleier, gefüllte Weinblätter, auch mit passendem Dip „to go". Asiatische Currypasten, Kokosnussmilch, Fisch- und Sweet-Chili-Sauce oder kleine Gerichte wie Riesenbohnen und Fleischbällchen in Tomatensauce, frische Bio-Gazpacho, Tapas und sogar Kaviar ... Das Sortiment umfasst so gut wie alles, was das Genießerherz begehrt.

Hergestellt werden die Produkte an vier Standorten in Deutschland, Spanien, Griechenland und der Türkei. Am Standort in Diez, dem „Headquarter" des Unternehmens, befindet sich das riesige Logistik-Lager. Von hier brechen täglich 15 Lkws mit ihrer leckeren Ladung auf, um die Supermärkte der Nation mit all den wunderbaren Köstlichkeiten aus dem Hause Dittmann zu beliefern, mit denen sich die Kunden die ganze Welt auf den Teller holen können.

FEINKOST DITTMANN
REICHOLD FEINKOST GMBH
Timm & Thorsten Reichold
August-Horch-Straße 4-8
65582 Diez
Telefon 0 64 32 / 9 55-0
info@feinkost-dittmann.de
www.feinkost-dittmann.de

RHEINGAUER SAVOIR-VIVRE: WEINPROBE BEI HATTENHEIM (O.), SCHLOSS VOLLRADS (RECHTE SEITE, L.) UND DAS NIEDERWALD-DENKMAL IN RÜDESHEIM (RECHTE SEITE, O.)

REBENREICHER RHEINGAU

Willkommen im Land des Weins

Ein echter Sehnsuchtsort ist er, der wunderschöne Rheingau, diese einzigartige Kulturlandschaft im Herzen Deutschlands, über Jahrmillionen geformt von dem Fluss, der dem Landstrich seinen Namen gab. Schon Johann Wolfgang von Goethe verbrachte seine Freizeit gern bei seinen Freunden Clemens Brentano, seiner Schwester Bettina und deren Ehemann Achim von Arnim in deren Sommerhaus in Oestrich-Winkel. Unzählige Künstler malten, beschrieben und vertonten ihre Begeisterung vom „Vater Rhein".

Und noch immer machen sich Touristen aus aller Welt auf, um Natur, Kultur und auch die kulinarische Seite des idyllischen Fleckens im Südwesten Hessens zu erkunden. Märchenhaft, bisweilen fast mystisch, so zeigt sich der Rheingau mit seinen Burgen, Schlössern, Flussauen und stillen Alt-Armen des Rheins, der sich wie ein glitzerndes Band sanft dahinschlängelt, das Ufer umsäumt von Reben. Das Klima ist so mild, dass sogar Feigen, Pfirsiche und Aprikosen gedeihen. Es ist vor allem der Weinbau, der die Landschaft nachhaltig prägt, ihr ihre Identität verleiht. Dies ist die Wiege großer Weine, die im Weinberg entstehen, im Keller vollendet werden und dort ruhen, bis der Kenner sie genießen darf. Das Weinanbaugebiet Rheingau, in dem der Riesling klar dominiert, erstreckt sich vom Weinörtchen Flörsheim-Wicker über Wiesbaden weiter nach Erbach, der Rosenstadt Eltville, Oestrich-Winkel und Geisenheim bis nach Rüdesheim und schließlich nach Lorch.

Die hiesigen Klöster, Kirchen, Burgen und Schlösser zeigen lebendige Historie, sie zu erkunden lehrt uns viel über die wechselhafte Vergangenheit. Orte wie Schloss Johannisberg, der Geburtsort der Spätlese, oder Kloster Eberbach bilden die eindrucksvolle Bühne kultureller Veranstaltungen, allen voran die Konzertreihe des Rheingau Musik Festivals, einem der bedeutendsten Kulturevents Europas. Die pittoresken Orte warten mit Fachwerk, Winzerhöfen, blumenumrankten Innenhöfen und alten Stadtmauern auf. Die kulinarische Landschaft ist vielseitig; besonders typisch für die Region sind die unzähligen Straußwirtschaften und Gutsschänken, in denen die Winzer ihren eigenen Wein offerieren und dazu rustikale kleine Leckereien reichen. Wer hier Platz nimmt, bleibt nicht lange allein. Die Menschen sitzen an großen Tischen beieinander, rücken zusammen, lachen miteinander … Der Wein eint sie. Das ist Rheingauer Lebensfreude. Und davon kann man nie genug bekommen.

RHEINROMANTIK PUR: NICHT NUR GOETHE GENOSS DEN BLICK VOM RUNDTEMPEL IM NIEDERWALD AUF DEN RHEIN UND RÜDESHEIM

BAYERISCHE LANDES AUSSTELLUNG NÜRNBERG

VOM EINFACHEN DAS BESTE

Die Adler-Wirtschaft & der Falkenhof von Franz Keller

Es braucht wahrlich nicht viel für den perfekten Genuss. Franz Keller, der früher Sterne erkochte und mit Kollegen wie Paul Bocuse oder Michel Guérard am Herd stand, ist zurückkehrt zum Einfachen und zum kompromisslos Besten. Nachdem er sich von der Sterne-Gastronomie verabschiedet hatte, mit der er sich nicht mehr identifizieren wollte, verwirklicht er seit 1993 in der Adler-Wirtschaft in Hattenheim seine Vorstellung von bodenständiger Gastronomie. „Wir machen kein Dekorationskochen, folgen nicht Trends, die keinen Sinn machen", erklärt der Badener bestimmt. „Bei uns steht das Grundprodukt klar im Mittelpunkt. Vom Einfachen das Beste!" Um diesem Anspruch gerecht zu werden, erfüllte er sich mit dem Falkenhof, einem Aussiedlerhof oberhalb des idyllischen Wispertals, den Traum vom eigenen Bauernhof.

Hier leben Charolais- und Limousin-Rinder, Bunte Bentheimer Freilandschweine, Hühner und Kaninchen artgerecht und auch der Qualität wegen viel länger als üblich. Weitab von Massentierhaltung, mit größtmöglicher Achtung vor der Kreatur, schafft Franz Keller auf seinem Hof die Grundlage für hochwertigste Fleisch- und Wurstprodukte. Die Mengen sind klein, höchstens ausreichend für die Gäste der Adler-Wirtschaft und des Falkenhofs. „Für mich ist Kochen ein Genusshandwerk, und das gelingt nur mit den besten Zutaten", unterstreicht er. Mit hohem Aufwand wird alles selbst produziert. Das gilt für seine Menüabende, Küchenpartys und Kochkurse auf dem Falkenhof ebenso wie für die Adler-Wirtschaft, die Sohn Franz Keller junior führt. Hier können die Gäste wählen zwischen Kleinem und Großem Adleressen – die einzelnen Gänge dazu werden aus dem saisonalen Warenkorb komponiert.

Zu dieser heimatverbundenen Küche passen die lokalen Weine vorzüglich, Rheingauer Rieslinge und Spätburgunder. Nachbar Rheinhessen, die Mosel, Franken, Württemberger sowie badische Tropfen aus dem Familienweingut Schwarzer Adler sind ebenso vertreten, ergänzt von edlen Gewächsen aus Italien, Österreich und Frankreich. Vom Einfachen das Beste – bei den Kellers funktioniert diese Genussformel perfekt.

ADLER-WIRTSCHAFT
Franz Keller sen. & Franz Keller jun.
Hauptstraße 31
65347 Hattenheim
Telefon 0 67 23 / 79 82
adlerwirtschaft@franzkeller.de
falkenhof@franzkeller.de
www.franzkeller.de

AUSGEZEICHNETE TROPFEN

Die Weinmanufaktur Stefan Breuer bietet spannende Weine

Sie heißen schlicht B^1, R^Z oder S3B3 … Was erst mal klingt wie eine chemische Formel, entpuppt sich als vielseitige Kollektion an Weiß-, Rot- und Roséweinen der Weinmanufaktur Stefan Breuer im Eltviller Ortsteil Rauenthal. Bei der Namensgebung entschied sich der Winzer bewusst für die Reduktion: „Ich wollte einfache Begriffe, die man sich gut merken kann." Und genau so klar und einfach ist es auch: S steht für Spätburgunder, B für Barbera, R für Riesling. Die Ziffer erklärt die Qualitätsstufe, 1 steht für Spätlese, 2 für Kabinett, 3 für Qualitätswein QbA.

Die Rebflächen des 2006 gegründeten Weingutes erstrecken sich auf Lagen im Rheingau und in Rheinhessen. Hinzu kommen Weinberge im italienischen Piemont sowie im spanischen Rioja, die mediterrane Akzente setzen. Und genau diese vinophile Diversität, die aus dem Terroir, also dem Umfeld, in dem eine Traube wächst, resultiert, reizt den Winzer besonders. „Die Kombination der unterschiedlichen Regionen mit ihren verschiedenartigen Böden und klimatischen Bedingungen ist unglaublich spannend", erklärt Stefan Breuer. Für die perfekte Verschmelzung aller Kriterien zu einem modernen, international anmutenden Wein, der seine Herkunft nicht verleugnet, arbeitet er mit viel Leidenschaft und Kreativität – erst im Weinberg, später im Keller.

Der Austausch mit Kollegen, der Blick über den eigenen Tellerrand, inspiriert ihn bis heute. So entstand auch die Kooperation mit seinem Kollegen Klaus Singer-Fischer aus dem Selztal in Rheinhessen. Die Freunde bieten gemeinsam Weine unter dem Label Two Faces an. Die exquisite Auswahl an Rot- und Weißweinen wächst ausschließlich auf alten Rebhängen und ergänzt das Breuer`sche Portfolio perfekt.

Und auch die vielen Auszeichnungen, die Stefan Breuer für seine Weine regelmäßig erhält, belegen: Hier ist ein passionierter Weinmacher am Werk, der für seine Produkte brennt. „Meine Weine sind für mich wie Kinder. Man muss stets aufpassen, dass sie behütet aufwachsen, und alles dafür tun, dass sie sich zu besonderen Persönlichkeiten entwickeln."

WEINMANUFAKTUR STEFAN BREUER
Auf der Großen Straße 10
65345 Eltville-Rauenthal
Telefon 0 61 23 / 9 74 21 36
info@breuer-wein.de
www.breuer-wein.de

PRACHTVOLLE ARCHITEKTUR: DAS WIESBADENER KURHAUS (O.), DIE ELEGANTE FLANIERMEILE WILHELMSTRASSE (RECHTE SEITE, L.) UND DER HAUPTBAHNHOF AN DEN REISINGER-ANLAGEN

HESSENS KAPITALE

Die Landeshauptstadt Wiesbaden ist eine elegante Schönheit

Prachtvolle klassizistische Fassaden, eine geschichtsträchtige Aura, die noch vielerorts spürbar ist, aber auch eine gute Infrastruktur und modernes Lebensgefühl: Wiesbaden, seit der Gründung des Bundeslandes Hessen am 1. Dezember 1946 dessen Hauptstadt, ist mit seinem landschaftlich reizvollen Umland, flankiert von Taunus und Rheingau, eine Region mit hoher Freizeitqualität.

Ihre prosperierende Entwicklung verdankt die Stadt vor allem ihren wohltuenden heißen Quellen, die schon die Römer vor 2000 Jahren bei ihrem Eroberungszug durch Europa so sehr zu schätzen wussten, dass sie hier eine Siedlung gründeten. Später siedelten die Franken in „wisibada", dem Bad in den Wiesen, gefolgt von den politisch einflussreichen Grafen, Fürsten und Herzögen von Nassau, die ab dem Mittelalter bis ins 19. Jahrhundert die Geschicke der Stadt lenkten und viele heute noch erhaltene repräsentative Gebäude errichteten. So residierten sie zunächst im barocken Biebricher Schloss am Rheinufer, bevor sie später in das spätklassizistische Stadtschloss umzogen, das heute Sitz des Hessischen Landtages ist und damit das politische Herz Hessens bildet.

Unter den Preußen avancierte Wiesbaden zu einer der nobelsten Kurstädte Europas. Kaiser Wilhelm II. kam regelmäßig zur Sommerfrische, er liebte seine Badekuren in den heißen Quellen, die exklusiven Grandhotels und Kaffeehäuser mit Wiener Charme. Die als Prachtboulevard inszenierte Wilhelmstraße, von den Wiesbadenern liebevoll „Rue" genannt, war damals und ist noch heute ein Ort zum Sehen und Gesehen-Werden. Sie flankiert auch den kulturellen Hotspot der Stadt: das Kurhaus – für Kaiser Wilhelm II. das schönste der Welt. Eingefasst wird es von der 46 Säulen umfassenden Kurhauskolonnade auf der einen sowie der Theaterkolonnade des hessischen Staatstheaters auf der anderen Seite. Davor erstreckt sich die Bowling Green genannte Grünfläche mit zwei opulenten Kaskadenbrunnen – ein beeindruckendes Ensemble und Schauplatz zahlreicher gesellschaftlicher Events der Stadt.

Kuren kann man hier übrigens immer noch. Fünf Hauptquellen speisen die Brunnen und Thermalbäder der Stadt. Zum Beispiel der Kochbrunnen, dessen 67 Grad heißes Wasser auch für wohliges Badevergnügen im wohl schönsten Schwimmbad der Stadt sorgt, der Kaiser-Friedrich-Therme mit ihrer römisch-irischen Badehalle von 1913.

Shoppen nach Herzenslust, Genießen regionaler und kosmopolitischer Spezialitäten in einer vielseitigen Gastronomieszene, abwechslungsreiche kulturelle Angebote – das sind nur einige Facetten der schönen Kapitale Hessens. Es lohnt sich, sie zu entdecken.

IMPOSANTE KULTURSTÄTTE: DAS HESSISCHE STAATSTHEATER WIESBADEN, STANDESGEMÄSS BEWACHT VON SCHILLER

EIT WÜRDE IST IN EURE HAND GEGEBEN. BEWAHRET SIE!
HESSISCHES
STAATSTHEATER
WIESBADEN

AUSSERGEWÖHNLICHES AMBIENTE

Große Emotionen in Käfer`s Bistro im Kurhaus zu Wiesbaden

Käfer's Bistro ist dem prunkvollen Kurhaus Wiesbaden, im Glanz der Jahrhundertwende, ein kapriziöser Begleiter. Die exklusive Einrichtung, aufwendig zusammengetragen aus Pariser Restaurants und von Märkten in ganz Frankreich, schafft einen charmanten Rahmen für stilvolle Banketts, glamouröse Feste und private Diners.

Der Salon des Flacons gründet auf eine Sammlung von originalen Parfumflacons in Übergröße. Gleichermaßen außergewöhnlich kommt der Salon Belétage im ersten Stock daher: In Rot und Schwarz gehalten, ist der Raum auch Ausstellungsfläche für Fotografien von Gunter Sachs.

Serviert wird klassische Bistro-Küche mit monatlich wechselnder Speisenkarte. Regionale Produkte von höchster Qualität gehen mit Delikatessen aus den Pariser Markthallen eine stimmige Symbiose ein. Verschiedene Pasta und Feinstes aus der Patisserie werden im Haus gefertigt.

Auf der Terrasse trifft sich „tout Wiesbaden" von mittags bis tief in die Nacht, im Biergarten im Kurpark finden sich Besucher und Einheimische zu hausgemachten Kuchen und Limonaden oder einem süffigen Viertel aus dem angrenzenden Rheingau ein.

Die Karte des Bistros ist geprägt von Kontrasten und Harmonien. Zu den beliebten Klassikern zählen Lachstatar, Wiener Schnitzel und Bauernente, erstklassiges Rinderfilet sowie das erhabene Chateaubriand für zwei Personen. Küchenchef Oliver Haink kreiert aber auch die ungewöhnlichsten Kombinationen saisonaler Gerichte wie Kalbs-Entrecôte und Pulpo auf ligurischem Kartoffelstampf mit rauchigem Kräuter-Olivenöl. Dazu werden edelste Rheingauer Weißweine hochgeschätzter Domänen kredenzt.

KURHAUS GASTRONOMIE
Gerd Käfer & Roland Kuffler GmbH
Direktor Herr Jochem Joosten
Kurhausplatz 1
65189 Wiesbaden
Telefon 06 11 / 53 62 00
info@kurhaus-gastronomie.de
www.kurhaus-gastronomie.de

ZEITLOSE ELEGANZ IN PERFEKTION

werkstatt | planen einrichten wiesbaden erschafft Küchen als Lebensraum

Handwerkliche Präzision, zeitlose Ästhetik, hochwertige Werkstoffe sowie viel Raum für Kreativität und persönliche Wünsche – das sind die Ingredienzen, aus denen die werkstatt | planen einrichten wiesbaden Küchenräume und -träume webt. Als autorisierter bulthaup-Partner stehen die Konzepte des süddeutschen Küchenherstellers klar im Fokus. Hinzu kommen renommierte Gerätehersteller wie Gaggenau, Miele oder Bora, ergänzt um Wohnaccessoires, welche die gleiche Formensprache sprechen – Leuchten von Bocci, Möbel von e15 oder Carl Hansen.

Mit diesem aufeinander abgestimmten Angebot sowie einem breiten Serviceportfolio hat sich das Unternehmen einen großen Kundenkreis erarbeitet, der weit über Wiesbaden und die Region hinausreicht. Im Showroom im Herzen der hessischen Landeshauptstadt entwickeln vier Innenarchitektinnen im Kundengespräch aus Ideen, persönlichen Wunschvorstellungen und manch lang gehegtem Traum ein konkretes, individuelles Küchenkonzept. Erst wenn alle Details geklärt sind, läuft die Produktion bei bulthaup im bayerischen Aich an. Hand-Arbeit ist hier kein Slogan, sondern Programm. Bei einer Küche mit Holzfront fertigt beispielsweise jeweils ein Mitarbeiter sämtliche Fronten, Wangen und Platten allein, die dann buchstäblich seine Handschrift tragen.

bulthaup Küchen zeichnen sich seit jeher – neben dieser aufwendigen Herstellungsweise sowie hochwertigen Materialien, die eine lange Lebensdauer garantieren – durch eine klare Ästhetik aus, die Trends nicht folgt, sondern setzt und auch nach vielen Jahren noch modern und zeitgemäß ist. Bis heute bestechen bulthaup Küchen- und Raumsysteme durch die Reduktion auf das Wesentliche, vereinen Form und Funktion harmonisch miteinander, präzise bis ins Detail durchdacht. Das Ergebnis: ein Küchentraum ohne Halbwertszeit!

BULTHAUP
WERKSTATT | PLANEN
EINRICHTEN WIESBADEN GMBH
Marktstraße 10
65183 Wiesbaden
Telefon 06 11 / 17 49 67
info@bulthaup-wiesbaden.de
www.bulthaup-wiesbaden.de

OASE IM RHEINGAU

Genießen und entspannen im Weinhaus Sinz

Schon die Fahrt durch die Weinberge hinauf ins Lippbachtal und in den Wiesbadener Stadtteil Frauenstein weckt ein wohliges Gefühl der Entspannung, das sich, kaum im Weinhaus Sinz angekommen, noch intensiviert. Das stattliche Anwesen schmiegt sich förmlich hinein in die sie umgebende Natur, die zum längeren Verweilen geradezu auffordert. Nimmt der Gast dann Platz in den stilvoll-behaglich inszenierten Gasträumen oder auf der sonnenverwöhnten Terrasse, ist sie sofort da, die Entschleunigung vom Alltag.

Für den Genuss auf dem Teller sorgt Hausherr Klaus Sinz, der den Familienbetrieb gemeinsam mit Ehefrau Katharina in zweiter Generation führt. 1969 haben seine Eltern Hermann und Lore in dem historischen Haus von 1898 ein Restaurant eröffnet. Sohn Klaus absolvierte eine Ausbildung zum Koch und Hotelfachmann, übernahm schließlich die Ägide des Weinhauses und erweiterte es um erste Hotelzimmer. Inzwischen sind drei Gästehäuser, Höfchen, Landhaus und Rebenhof, hinzugekommen.

Genießer, Urlauber und Geschäftsleute fühlen sich hier gleichermaßen wohl. Das liegt nicht zuletzt an der herzlich-familiären Gastfreundschaft, die man nur in solch inhabergeführten Häusern findet, in denen Menschen mit viel Leidenschaft am Werk sind. Leidenschaft fürs Gastgebersein, Leidenschaft für gute Produkte – auf dem Teller und im Glas.

Die Speisekarte liest sich wie ein kulinarischer Spaziergang durch den Rheingau: vom Carpaccioduett von Winzerschinken und Wildsalami und Rheingauer Bärlauchsüppchen mit Wisper-Lachsforelle bis zu den Rheingauer Klopsen mit Riesling-Kapern-Sauce oder Spinatknödeln mit Riesling-Käse-Sauce. Saisonale und Tages-Empfehlungen sowie ein abwechslungsreicher kulinarischer Kalender komplettieren die Speisenauswahl.

Die mit zwölf offenen und 30 Flaschenweinen umfängliche Weinauswahl ist konsequent regional. Fast alle Frauensteiner Winzer sind vertreten, hinzu kommen Weine renommierter Weingüter aus dem Rheingau sowie Hausabfüllungen der Tropfen aus den eigenen Weinbergen. Das Konzept ist stimmig: Im Weinhaus Sinz hat der Rheingau seine kulinarische Heimat gefunden.

RHEINGAUER RIESLINGSÜPPCHEN MIT BROTKRUSTELN

Dieses Rezept finden Sie auf Seite 119

WEINHAUS SINZ
Familie Sinz
Herrnbergstraße 17-19
65201 Wiesbaden-Frauenstein
Telefon 06 11 / 94 28 90
info@weinhaus-sinz.de
www.weinhaus-sinz.de

FUNKELNDE FINANZWELT: DIE EZB IN FRANKFURT

REZEPTE

SCHUCH'S ÄPPELWOI-HINKELCHEN

Schuch's Restaurant, Seite 20

ZUTATEN FÜR 4 PERSONEN

HÜHNCHEN:

4 Hähnchenbrüste, 4 Unterkeulen vom Hähnchen, Salz, Pfeffer, Paprika, 10 ml Rapsöl

SAUCE:

1 l Apfelwein, 4 Lorbeerblätter, 6 Nelken, 15 schwarze Pfefferkörner, Kümmel nach Belieben, 8 Wacholderbeeren, 1 l Rinderfond, 20 ml Aceto Balsamico, 1 EL Balsamico-Creme, 50 g Speisestärke

DÖRROBST-SPECK-KRUSTE:

20 g Dörr-Äpfel, 20 g Dörr-Aprikosen, 10 g Dörr-Pflaumen, 50 g Speckwürfel, 75 g Butter, 75 g Margarine, Salz, Pfeffer, 50 g Paniermehl

KARTOFFELGRATIN:

1,6 kg Kartoffeln, 2 Knoblauchzehen, ein frischer Rosmarinzweig, 200 g Schmand, 800 ml Sahne, 1 TL getrockneter Majoran, Salz, Pfeffer, Muskat, 100 g Parmesankäse

GEMÜSE:

1-2 Karotten, 200 g Zuckerschoten, 1 Blumenkohl, 20 g Butter, Salz, Pfeffer, Zucker

ZUBEREITUNG

Apfelwein mit den Gewürzen auf 300 Milliliter einkochen lassen. Dann mit dem Rinderfond aufgießen, Aceto Balsamico und die Balsamico-Creme hinzugeben. Mit der Speisestärke abbinden und 5 Minuten köcheln lassen.
Das Dörrobst in feine Würfel schneiden. Den Speck bei voller Hitze knusprig anbraten, dann den Topf vom Herd nehmen, Butter und Margarine hinzugeben und schmelzen lassen. Salzen und pfeffern, Dörrobst mit dem Paniermehl hinzugeben und alles zu einer homogenen Masse verrühren. Anschließend für eine Stunde kalt stellen.
Kartoffeln waschen, schälen, in feine Scheiben schneiden und in eine Auflaufform schichten. Knoblauch schälen, klein hacken, Rosmarin waschen, abtupfen, Nadeln abstreifen und hacken. Schmand, Sahne und Gewürze miteinander verrühren, über die Kartoffeln gießen. Mit Parmesankäse bestreuen. Im vorgeheizten Ofen bei 155 °C für 40-55 Minuten goldbraun backen.
Das Gemüse waschen, die Karotten schälen und in Scheiben schneiden. Die Zuckerschoten halbieren, den Blumenkohl in gleichmäßige Röschen teilen. Das Gemüse in einem Topf mit heißem Wasser kurz blanchieren, dann sofort in Eiswasser abschrecken, abtropfen lassen und in einer Pfanne mit Butter anbraten. Mit Salz, Pfeffer und etwas Zucker abschmecken.
Hähnchenbrust und -keulen nach Belieben mit Salz, Pfeffer und Paprika würzen, im heißen Öl braten, bis das Hähnchenfleisch gut durch ist und eine schöne Farbe bekommen hat. Danach die Dörrobst-Kruste gleichmäßig auf die 4 Hähnchenbrüste aufteilen und bei Oberhitze bei 220 °C goldbraun gratinieren. Dann alles gemeinsam dekorativ anrichten.

ULIS HIMBEERTRAUM

Restaurant MainNizza, Seite 24

ZUTATEN FÜR 10 PORTIONEN

600 g frische Sahne, 30 % Fettanteil, 600 g Rahmjoghurt, 1 kg frische Himbeeren plus einige mehr zum Dekorieren, 250 g brauner Zucker

ZUBEREITUNG

Die Sahne in eine Rührschüssel geben und sehr steif schlagen. Dann vorsichtig den Rahmjoghurt unterheben und gründlich vermischen. Die Himbeeren in eine große Schüssel – am besten eine dekorative Glasschüssel – geben und mit der Joghurt-Sahne-Mischung bedecken. Oben glatt streichen. Nun mit dem braunen Zucker komplett bedecken, bis von der weißen Masse nichts mehr zu sehen ist.

Anschließend die Schüssel nicht abgedeckt für mindestens 24 Stunden in den Kühlschrank stellen. Das ist wichtig, denn nur so bildet sich eine feste Zuckerkruste, die später für einen feinen Crunch-Effekt sorgt. Beim Servieren jede Portion mit einem großen Löffel von unten heraus aus der Schüssel heben.

Dazu passen eine hausgemachte Vanille- oder Himbeersauce sowie frische Himbeeren zum Dekorieren.

REHRÜCKEN MIT STEINPILZEN

Restaurant Speisekammer, Seite 38

ZUTATEN FÜR 4 PERSONEN

800 g Rehrücken ohne Knochen, Salz, Pfeffer, Öl oder Butterschmalz, 80 g Butter, 5 g Puderzucker, 100 ml Portwein, 100 ml Rotwein, 200 ml Wildfond, 3 Zwiebeln, 1 kg Wirsing, Weißwein, 100 ml Sahne, Muskatnuss, 100 g Steinpilze, 20 g Petersilie, Chilipulver

ZUBEREITUNG

Den Backofen auf 160 °C vorheizen. Den Rehrücken von allen Seiten gut salzen und pfeffern. In einer Pfanne in heißem Öl oder Butterschmalz rundum anbraten. Dann für circa 8 Minuten in den vorgeheizten Backofen geben. Das restliche Öl bzw. Butterschmalz aus der Pfanne entfernen und 20 g Butter hineingeben. Puderzucker darüberstäuben und karamellisieren lassen. Mit Portwein sowie Rotwein ablöschen. Dann den Wildfond dazugeben und die Sauce einkochen lassen, bis die gewünschte Konsistenz erreicht ist. Mit Salz und Pfeffer abschmecken. Die Zwiebeln schälen und fein würfeln. Wirsing putzen, waschen und abtropfen lassen. In einem Topf 40 g Butter zerlassen und zwei Drittel der Zwiebelwürfel darin glasig werden lassen. Anschließend die Wirsingstreifen dazugeben. Mit einem Schuss Weißwein ablöschen und die Sahne angießen. Leicht köcheln lassen, bis der Wirsing noch leichten Biss hat. Mit Salz, Pfeffer und frisch gemahlenem Muskat abschmecken.

Steinpilze putzen, die Petersilie fein hacken. In einen weiteren Topf nochmals etwas Butter geben und die restlichen Zwiebelwürfel darin glasig werden lassen. Die Steinpilze dazugeben, kurz andünsten und mit Salz, Pfeffer und etwas Chili abschmecken. Die gehackte Petersilie unterziehen.

Als Beilage eignen sich Selleriepüree oder gebratene Semmelknödelscheiben.

REZEPTE

HAUSGEMACHTE ORECCHIETTE-PASTA

Speisekammer der Fattoria La Vialla, Seite 42

ZUTATEN FÜR 4–5 PERSONEN

500 g Hartweizenmehl plus etwas mehr zum Verarbeiten, 2 Knoblauchzehen, 6 Basilikumblätter, 1/2 Chilischote, 7 EL Olivenöl extra vergine, 400 g Kirschtomaten, Salz, 400 g Ricotta vom Schaf, Pfeffer

ZUBEREITUNG

Für die Orecchiette, die „Öhrchennudeln", Mehl auf der Arbeitsfläche aufhäufen, in die Mitte eine Mulde drücken und nach und nach 250 Milliliter Wasser zugießen. Stetig mit den Händen verarbeiten, dabei vom Rand immer etwas mehr Mehl einarbeiten. Mindestens 10 Minuten lang verkneten. Sollte der Teig an den Händen haften, mehr Mehl hinzufügen. Sobald eine gleichmäßige, glatte und relativ feste Teigkugel entstanden ist, einen Teil davon abnehmen, den Rest mit einem Küchentuch abdecken. Arbeitsfläche gut mit Mehl bestäuben, das Mehlstück nochmals für ein paar Minuten verkneten, dann zu einer langen, dünnen Rolle von 1 Zentimeter Durchmesser formen. Diese in 1 Zentimeter große Stück schneiden und dann die Orecchiette formen. Dazu ein Messer mit abgerundeter Spitze hineindrücken und zu sich ziehen, ohne den Druck zu verringern. Der Teig wird sich auf beiden Seiten um die Messerspitze rollen. Dann das Messer anheben und den Teig auf den Zeigefinger der anderen Hand stülpen, dann kapuzenförmig auseinanderziehen. Auf diese Weise alle Orecchiette herstellen, auf eine mit Mehl bestäubte Platte oder ein Baumwoll-Küchentuch legen und für mindestens einen halben Tag trocknen lassen.

Knoblauch schälen, die Basilikumblätter grob zerpflücken. In einer großen Pfanne mit schwerem Boden den Knoblauch, Chili und Basilikum in dem Olivenöl anschwitzen. Die Tomaten waschen, trocken tupfen und vierteln. Sobald der Knoblauch goldgelb ist, gemeinsam mit der Chilischote herausnehmen und die Tomaten hineingeben. Salzen, umrühren und für 4–5 Minuten kochen lassen. 250 Gramm Ricotta hinzufügen, sorgsam mit den Tomaten verrühren. Noch 1 Minute kochen lassen, dann den Herd ausstellen.

Die Orecchiette (alternativ 600 g gekaufte) in ausreichend kochendem Salzwasser bissfest garen. Dann abgießen, jedoch etwas Kochwasser aufbewahren. Die Nudeln zu den Tomaten geben und gründlich durchschwenken. Wenn das Ganze zu trocken ist, etwas Nudelwasser hinzufügen. Die Pfanne vom Herd nehmen und den restlichen Ricotta darüberbröseln. Etwas Pfeffer darüberstreuen und sofort servieren.

GEBRATENE JAKOBSMUSCHELN IM ZUCCHINIMANTEL

Landhaus Alte Scheune, Seite 58

ZUTATEN FÜR 6 PERSONEN

2 große Rote Beten, Salz, 4 Wacholderbeeren, 2 Lorbeerblätter, 2 Dillstängel, 1 Salatgurke, schwarzer Pfeffer aus der Mühle, 100 g Meerrettich, frisch gerieben, 1 große Karotte, 18 Jakobsmuscheln, 20 ml Olivenöl, 50 g Butter, 1 große Zucchini, 4 Tomaten, Basilikumstängel

ZUBEREITUNG

Die Rote Bete gründlich waschen, dann in einen Topf mit Salzwasser geben, Wacholderbeeren und Lorbeerblätter hinzufügen und die Beten weich kochen. Anschließend herausheben, ganz abkühlen lassen, schälen und auf der Brotmaschine (wenn vorhanden) in dünne Scheiben schneiden. Alternativ können Sie auch einen Hobel nehmen und die Beten vorsichtig in ganz dünne Scheiben hobeln.

Dill abbrausen und trocken tupfen, fein hacken. Die Salatgurke in feine Streifen hobeln und mit 1 Prise Salz, etwas Pfeffer, Dill und dem Meerrettich anmachen. Den Gurkensalat eine Stunde ziehen lassen. Danach in einem Sieb abtropfen lassen.

Die Karotte schälen, in feine, lange Streifen schneiden und 1 Minute in kochendem Wasser blanchieren.

Die Muscheln salzen und pfeffern, in einer Pfanne in 10 Milliliter Olivenöl von beiden Seiten kurz anbraten, dann die Butter zugeben. Die Jakobsmuscheln garen, bis sie außen gar, innen aber noch glasig sind.

Zucchini erst in dünne Scheiben, dann in 2 Zentimeter breite Streifen halbieren. Danach im restlichen Olivenöl anbraten und mit Salz und Pfeffer würzen. Die Jakobsmuscheln mit den Zucchini-Scheiben umwickeln und mit den Karottenfäden zusammenbinden.

Tomaten oben sternförmig einritzen und den Strunk entfernen. Für 1 Minute in kochendes Wasser geben, bis sich die Haut löst. Etwas abkühlen lassen, häuten, vierteln und Kerngehäuse entfernen, dann klein würfeln. Basilikum abbrausen, trocken tupfen und etwas zerzupfen, über die Tomaten geben, mit Salz und Pfeffer abschmecken.

ANRICHTEN

Teller mit Rote-Bete-Scheiben auslegen, diese salzen und pfeffern. Abgetropften Gurkensalat in der Mitte des Tellers erhöht anrichten. Daneben die Tomaten platzieren und darauf die warmen Jakobsmuscheln anrichten. Nach Belieben ausgarnieren, z. B. mit einer leichten Mangosauce, etwas rotem Kaviar und frischer Kresse.

REZEPTE

SCHOKOKUCHEN MIT FLÜSSIGEM KERN

Landhaus Alte Scheune, Seite 58

ZUTATEN FÜR 6 KUCHEN

130 g Butter plus etwas mehr für die Formen, 130 g Schokolade, 4 Eier (Größe L), 165 g Zucker, 75 g Mehl, 25 g Kakaopulver, 1/4 TL Kaffeepulver, frische Früchte nach Saison und Vanilleeis zum Servieren

ZUBEREITUNG

Backofen auf 210 °C Umluft vorheizen. Butter und Schokolade in eine Schüssel geben und über dem heißen Wasserbad flüssig werden lassen. Anschließend die Eier sowie den Zucker zufügen und schaumig aufschlagen. Mehl mit Kakao und Kaffeepulver mischen und darübersieben. Noch einmal gut durchrühren.

Die Masse in kleine, gefettete Formen geben (ca. 8,5 cm Durchmesser und ca. 5 cm hoch). In den heißen Ofen geben und für ungefähr 7 bis max. 10 Minuten backen, damit der Kern des Küchleins schön flüssig bleibt. Zum Servieren auf einen Teller stürzen. Vorsicht – die Formen sind sehr heiß. Dann mit frischen Früchten sowie Vanilleeis servieren.

LAUWARMER HANDKÄS MIT COINTREAU

Hock's Restaurant, Seite 74

ZUTATEN FÜR 4 PERSONEN

2 Birnen, Butter, Zucker, 1 Handvoll Pinienkerne, 4 Handkäse, Cointreau

GARNITUR:

gemischte Blattsalate, Himbeeressig, Traubenkernöl, 1 Baguette

ZUBEREITUNG

Die Birnen schälen, halbieren und entkernen. Dann jede Birnenhälfte in Spalten schneiden. Bei mittlerer Temperatur in einer Pfanne mit etwas Butter und Zucker karamellisieren lassen.

Die Pinienkerne in einer weiteren Pfanne ohne Fettzugabe leicht anrösten, dabei darauf achten, dass sie nicht schwarz werden.

In einer separaten Pfanne die Handkäse bei niedriger Temperatur in etwas Butter zum Zerlaufen bringen. Kurz vor dem Servieren mit einem Schuss Cointreau ablöschen.

ANRICHTEN

Die Spalten von je 1 Birnenhälfte auf vier große Teller verteilen. Jeweils einen Handkäse zur Hälfte über die Birnenspalten geben, mit den gerösteten Pinienkernen dekorieren.

Als Garnitur aus den Blattsalaten ein kleines Sträußchen anrichten. Aus etwas Himbeeressig und Traubenkernöl eine leichte Vinaigrette anrühren und über den Salat träufeln. Mit ein paar Scheiben knusprigem Baguette servieren.

KAISERSCHMARREN MIT ZWETSCHGENRÖSTER

Restaurantcafé ALTE MÜHLE, Seite 76

ZUTATEN FÜR 4 PERSONEN

KAISERSCHMARREN:

250 g Mehl, 2 TL Vanillezucker, 1 Prise Salz, 5 Eier, 300 ml Milch, 50 g Butter, Kristallzucker und Staubzucker zum Bestreuen, 1 Handvoll Rosinen (ersatzweise geröstete Mandelblätter)

ZWETSCHGENRÖSTER:

1 kg Zwetschgen, 150 g Zucker, 1 Zimtstange, 1 Gläschen Cognac, Slivovitz (Zwetschgenbrand) oder Rum nach Belieben

ZUBEREITUNG

Zunächst den Zwetschgenröster zubereiten. Dafür die Früchte halbieren und entsteinen. Zucker in einen Topf geben und bei mittlerer Hitze langsam erwärmen, nach ein paar Minuten beginnt der Zucker, sich goldbraun zu färben. Jetzt die Zwetschgen sowie die Zimtstange hinzufügen. Achtung: Der Zuckersirup ist sehr heiß und erhärtet, sobald die Zwetschgen hinzugefügt werden, schmilzt jedoch bei weiterer Erhitzung wieder.

Die Zwetschgen ein paar Minuten einkochen. Dabei gelegentlich umrühren. Doch nicht zu lange kochen, damit kein Brei entsteht. Dann den Topf vom Herd nehmen, die Zimtstange entfernen und nach Belieben den Alkohol einrühren. Abkühlen lassen.

Für den Kaiserschmarren Mehl sieben und mit Vanillezucker und Salz in einer Schüssel vermengen. Die Eier trennen. Das Eigelb mit der Milch zum Mehl geben. Dann das Ganze zu einem glatten Teig verrühren.

In einer zweiten Schüssel das Eiweiß zu steifem Schnee schlagen und anschließend behutsam unter den Teig heben.

Die Butter in eine ofenfeste Pfanne geben und kurz aufschäumen lassen. Dann den gesamten Teig eingießen. Zunächst auf einer Seite anbacken lassen. Dann wenden und auch die andere Seite backen.

Die Pfanne nun für 5–10 Minuten in den auf 200 °C vorgeheizten Backofen geben. Sobald der Teig durchgebacken ist, Pfanne aus dem Ofen nehmen und den Teig in unregelmäßige Stücke zerreißen.

Nun rasch den Kristallzucker darüberstreuen, sodass dieser karamellisiert. Dabei vorsichtig vorgehen, damit der Zucker nicht verbrennt.

Die Rosinen bzw. gerösteten Mandel hinzugeben und mehrmals leicht durchschwenken. Den Kaiserschmarren auf einem Teller anrichten, nach Belieben etwas gesiebten Puderzucker darüberstreuen und den Zwetschgenröster dazureichen.

REZEPTE

DUO VON ROTBARBE UND PULPO AUF SAFRANRISOTTO

Restaurant Fleur de Sel, Seite 84

ZUTATEN FÜR 2 PERSONEN

200 g Pulpo, Salz, 1 Thymianzweig, 200 g Blumenkohl, 200 g Rotbarbenfilet, Saft von 1 Zitrone, Olivenöl, 80 g Butter, 2 Rosmarinzweige, 2 Hände voll Wildkräuter

RISOTTO:

1/2 Zwiebel, 1 Tasse Risottoreis, 1 Msp. Safran, 1 TL Olivenöl, 1-2 Tassen Weißwein, 2 Tassen Hühnerbrühe, ggf. etwas mehr, 80 g Butter, 40 g Parmesan

PESTO & AIOLI:

je 1 kl. Bund Rucola und Basilikum, 1 EL Pinienkerne, 1 EL Parmesan, Salz, Olivenöl, 1 Eigelb, 1 Msp. Senf, 1 kl. Knoblauchzehe

ZUBEREITUNG

Den Pulpo in Salzwasser mit dem Thymianzweig für 3–4 Stunden köcheln, bis sich der Kopf sowie die Tentakeln leicht ablösen lassen. In kleine Stücke zerteilen.
Blumenkohl putzen und 4 Minuten in kochendem Salzwasser blanchieren, danach in Eiswasser geben.
Für das Pesto die Kräuter mit den Pinienkernen, Parmesan, 1 Prise Salz und so viel Olivenöl mixen, bis ein cremiges Pesto entstanden ist. Für die Aioli das Eigelb mit Senf, Knoblauch und einer Prise Salz mit dem Stabmixer aufmixen, dann tropfenweise so viel Olivenöl zufügen, bis eine feste Creme entsteht.
Für das Risotto die Zwiebel in feine Würfel schneiden. Risottoreis mit der Zwiebel und dem Safran in dem Olivenöl anschwitzen, dann mit Weißwein bedecken.
7 Minuten köcheln, dann die Hühnerbrühe aufgießen. Weitere 10 Minuten köcheln. Butter und Parmesan zugeben, noch etwas Brühe angießen und zu einem cremigen Risotto einkochen lassen.
Die Rotbarbenfilets mit Salz und Zitronensaft marinieren. Eine große Pfanne mit reichlich Olivenöl erhitzen, die Blumenkohlröschen halbieren und mit der Schnittfläche nach unten in der Pfanne anbraten. Die Rotbarben auf der Hautseite mitbraten, dann die Pulpostücke hinzugeben. Alles goldbraun braten. Butter und Rosmarin hinzufügen und die Rotbarben kurz auf der Fleischseite fertig braten. Wildkräuter darübergeben und alles gemeinsam anrichten.

RHEINGAUER RIESLINGSÜPPCHEN MIT BROTKRUSTELN

Weinhaus Sinz, Seite 108

ZUTATEN FÜR 4 PERSONEN

RIESLINGSÜPPCHEN:

1 Zwiebel, 40 g Sellerie, 40 g weißer Lauch, 30 g Butter, 1/2 l Frauensteiner Riesling, 1/2 l Fleischbrühe, 1/2 l Sahne, 30 g Speisestärke, Salz, Zucker

BROTKRUSTELN:

4 Toastbrotscheiben, 50 g Butterschmalz, 1 TL Petersilie, fein gehackt

ZUBEREITUNG

Die Zwiebel schälen und fein würfeln. Den Sellerie in kleine Würfel und den Lauch in dünne Scheiben schneiden. Dann Zwiebeln, Sellerie und Lauch in der Butter bei mittlerer Hitze anschwitzen. Sobald die Zwiebel schön glasig ist, den Wein angießen, dann die Fleischbrühe und die Sahne hinzufügen.

Nun die Flüssigkeit um ein Drittel einkochen lassen. Die Speisestärke mit ein wenig Wasser anrühren und in die Suppe geben, damit sie ein wenig andickt. Alternativ können Sie dies auch mit einem Eigelb, verrührt mit etwas Sahne, erreichen.

Die Toastbrotscheiben entrinden, in gleich große Würfel schneiden und im Butterschmalz goldbraun und knusprig braten. Die Suppe durch ein feines Sieb passieren und auf vier tiefe Teller oder Suppentassen verteilen. Die Brotwürfel aus der Butter heben und abtropfen lassen, gegebenenfalls auch auf Küchenpapier entfetten. Dann noch warm über die Suppe geben und die Petersilie darüberstreuen.

ADRESSVERZEICHNIS

A

ADLER-WIRTSCHAFT *96*
Franz Keller sen. & Franz Keller jun.
Hauptstraße 31
65347 Hattenheim
Telefon 0 67 23 / 79 82
adlerwirtschaft@franzkeller.de
www.franzkeller.de
• FRANZ KELLERS FALKENHOF
Falkenhofstraße 1
65321 Heidenrod-Dickschied
Telefon 01 75 / 2 08 78 67
falkenhof@franzkeller.de
www.falkenhof-franzkeller.de

ALTE OPER FRANKFURT *52*
RESTAURATION
Gerd Käfer & Roland Kuffler
GmbH & Co.
Betriebsleiterin: Fabienne Rziha
Opernplatz 1
60313 Frankfurt am Main
Telefon 069 / 1 34 02 15
info@kurhaus-gastronomie.de
www.opera-restauration.de

B

BULTHAUP *106*
WERKSTATT | PLANEN
EINRICHTEN WIESBADEN GMBH
Marktstraße 10
65183 Wiesbaden
Telefon 06 11 / 17 49 67
info@bulthaup-wiesbaden.de
www.bulthaup-wiesbaden.de

D

DOTTENFELDERHOF KG *80*
Dottenfelderhof
61118 Bad Vilbel
info@dottenfelderhof.de
www.dottenfelderhof.de

F

FEINKOST DITTMANN *90*
REICHOLD FEINKOST GMBH
Timm & Thorsten Reichold
August-Horch-Straße 4-8
65582 Diez
Telefon 0 64 32 / 9 55-0
info@feinkost-dittmann.de
www.feinkost-dittmann.de

FRANKFURTER FASS *34*
Carina Jakoby
Töngesgasse 38
60311 Frankfurt am Main
Telefon 0 69 / 91 39 56 22
frankfurter-fass@hotmail.de
www.frankfurter-fass.de

H

HOCK'S RESTAURANT UND *74*
EVENTLOCATION
Nadine Grammel & Uwe Ortgies
Gronauer Weg 9
61184 Karben
Telefon 0 60 39 / 93 78 57
reservierungen@hocks-restaurant.de
www.hocks-restaurant.de

K

KURHAUS GASTRONOMIE *104*
Gerd Käfer & Roland Kuffler GmbH
Direktor Herr Jochem Joosten
Kurhausplatz 1
65189 Wiesbaden
Telefon 06 11 / 53 62 00
info@kurhaus-gastronomie.de
www.kurhaus-gastronomie.de

L

LANDHAUS ALTE SCHEUNE *58*
Verena & Christian Gumprecht
Alt Erlenbach 44
60437 Frankfurt am Main
Telefon 0 61 01 / 54 40 00
reservierung@alte-scheune.de
www.alte-scheune.de

M

MAINNIZZA *24*
Ulrich P. Melchior & Hartmut Schranz
Untermainkai 17
60329 Frankfurt am Main
Telefon 0 69 / 26 95 29 22
restaurant@mainnizza.de
www.mainnizza.de

O

OJO DE AGUA *26*
Maximilian Graf von Saurma &
Moritz Graf zu Stolberg
Hochstraße 27
60313 Frankfurt am Main
Telefon 0 69 / 92 02 05 10
frankfurt@ojodeagua.de
www.ojodeagua.de

Q

QUATTRO RISTORANTE ITALIANO *66*
Guiseppe Greco
Gelbehirschstraße 12
60313 Frankfurt am Main
Telefon 0 69 / 29 37 77
info@quattro-frankfurt.de
www.quattro-frankfurt.de

R

RESTAURANTCAFÉ ALTE MÜHLE *76*
Alfredo Di Rienzo
Lohstraße 13
61118 Bad Vilbel
Telefon 0 61 01 / 12 72 83
info@altemuehle.net
www.altemuehle.net

RESTAURANT ALEXIS SORBAS *62*
Athanasios Pappas
Güntherstraße 42a
60528 Frankfurt am Main
Telefon 0 69 / 67 24 62
info@alexis-sorbas-restaurant.de
www.alexis-sorbas-restaurant.de

RESTAURANT FLEUR DE SEL *84*
Familie Theumer
Florscheidstraße 19
63477 Maintal
Telefon 0 61 81 / 9 68 33 85
info@restaurant-fleurdesel.de
www.restaurant-fleurdesel.de

RESTAURANT KABUKI *54*
General Manager: Tetsuya Yamahara
Geschäftsführer: Kiyoshi Tsutsumi
Kaiserstraße 42
60329 Frankfurt am Main
Telefon 0 69 / 23 43 53
info@kabuki-restaurant.com
www.kabuki-restaurant.com

RESTAURANT SPEISEKAMMER *38*
Familie Schreuer
Alt Heddernheim 41
60439 Frankfurt am Main
Telefon 0 69 / 57 38 88
info@speisekammer-frankfurt.de
www.speisekammer-frankfurt.de

RONNEFELDT KG *44*
Jan-Berend Holzapfel
Kurfürstenplatz 38
60486 Frankfurt am Main
Telefon 0 69 / 79 30 05-0
info@ronnefeldt.de
www.ronnefeldt.com
• BRANDSHOP MY ZEIL
Zeil 106/Erdgeschoss
60313 Frankfurt am Main
Telefon 0 69 / 21 02 87 82
brandshop@ronnefeldt.de
teeshop-ronnefeldt.com

S

SCHUCH'S RESTAURANT *20*
Jürgen & Julia Schuch
Alt Praunheim 11
60488 Frankfurt am Main
Telefon 0 69 / 76 10 05
info@schuchs-restaurant.de
www.schuchs-restaurant.de

SPEISEKAMMER DER FATTORIA LA VIALLA *42*
Famiglia Lo Franco
Cassellastraße 30-32
60386 Frankfurt am Main
Telefon 0 69 / 42 69 41 60
speisekammer@lavialla.it
www.speisekammer.lavialla.it

STERNE-KOCHCLUB-DEUTSCHLAND *88*
Claus Fischer
Bert-Brecht-Straße 4
63069 Offenbach
Telefon 0 69 / 83 83 58 87
info@skd-info.de
www.sterne-kochclub-deutschland.de

V

VARVANI GMBH *16*
Mehdi Varvani
Carl-Benz-Straße 21
60386 Frankfurt am Main
Telefon 0 69 / 90 75 50 15
info@varvani.tv
www.varvani.tv

W

WEINHAUS SINZ *108*
Familie Sinz
Herrnbergstraße 17-19
65201 Wiesbaden-Frauenstein
Telefon 06 11 / 94 28 90
info@weinhaus-sinz.de
www.weinhaus-sinz.de

WEINMANUFAKTUR STEFAN BREUER *98*
Auf der Großen Straße 10
65345 Eltville-Rauenthal
Telefon 0 61 23 / 9 74 21 36
info@breuer-wein.de
www.breuer-wein.de

REZEPTVERZEICHNIS

DIE SCHIRN IN FRANKFURT ZÄHLT ZU DEN BEKANNTESTEN AUSSTELLUNGSHÄUSERN EUROPAS: IM BILD DIE GLASKUPPEL DER ROTUNDE

ERHOLUNG GARANTIERT: SCHWARZENFELS MIT BURGRUINE IM NATURPARK HESSISCHER SPESSART

BESONDERE ADRESSEN FÜR SIE ENTDECKT

BEST OF ÖSTERREICH
224 Seiten, Hardcover
978-3-86528-883-7

EIFEL & OSTBELGIEN
160 Seiten, Hardcover
978-3-86528-879-0

FASZINATION WELTERBE – DEUTSCHLANDS SÜDEN
176 Seiten, Hardcover
978-3-86528-854-7

HAMBURG UND DAS ALTE LAND
152 Seiten, Hardcover
978-3-86528-887-5

SCHÄTZE & GEHEIMTIPPS MECKLENBURG-VORPOMMERN
216 Seiten, Hardcover
978-3-86528-894-3

SCHÄTZE BODENSEE UND OBERSCHWABEN
192 Seiten, Hardcover
978-3-86528-556-0

TRENDS & LIFESTYLE ZÜRICH
128 Seiten, Hardcover
978-3-86528-876-9

TRENDS & LIFESTYLE INNSBRUCK
128 Seiten, Hardcover
978-3-86528-895-0

LEBEN, WOHNEN & GENIESSEN MITTELFRANKEN
128 Seiten, Hardcover
978-3-86528-912-4

LEBEN, WOHNEN & GENIESSEN OLDENBURG
128 Seiten, Hardcover
978-3-86528-897-4

GÄRTEN IM TESSIN
156 Seiten, Hardcover
978-3-86528-867-7

MÜNCHEN FIRST CLASS
152 Seiten, Hardcover
978-3-86528-888-2

WEITERE EMPFEHLUNGEN FÜR SIE

WILD

130 Rezepte für jeden Tag
256 Seiten, Hardcover
978-3-86528-734-2

JEDEN SONNTAG EINE GUTE TARTE

88 Seiten, Hardcover
978-3-86528-821-9

DAS BESTE AUS MEINER FRANZÖSISCHEN KÜCHE

208 Seiten, Hardcover
978-3-86528-791-5

KLITZEKLEINE GLÜCKLICHMACHER

144 Seiten, Hardcover
978-3-86528-759-5

DER KREATIVE TISCH

Neue Dekoideen und Rezepte
für besondere Momente
256 Seiten, Hardcover
978-3-86528-801-1

DRUNTER & DRÜBER

Das Brotbackbuch &
Das Aufstrichbuch
208 Seiten, Hardcover
978-3-86528-746-5

Neuer Umschau Buchverlag GmbH

Moltkestraße 14
D-67433 Neustadt/Weinstraße

Telefon + 49 (0) 63 21 / 8 77-833
Telefax + 49 (0) 63 21 / 8 77-859

info@umschau-buchverlag.de

Neuer Umschau Buchverlag
Umschau_Verlag
umschauverlag

www.umschau-verlag.de

IMPRESSUM

RECHERCHE
Gerlinde Thiede, Albersweiler

TEXTE
Silke Martin, Kriftel

FOTOS
Ernst Wrba, Wiesbaden
www.ernstwrba.de

REDAKTION/LEKTORAT/PRODUKTION
Susanne Kranz, Hamburg
www.susannekranz.de

GESTALTUNG/BILDREDAKTION
Anja Winteroll, Hamburg
www.anjawinteroll.de

REPRODUKTION
Peter Blaschke, Laubach/Wetterfeld

KARTE
Thorsten Trantow, Herbolzheim
www.trantow-atelier.de

DRUCK UND VERARBEITUNG
NINO Druck GmbH, Neustadt an der Weinstraße
www.ninodruck.de

Printed in Germany
ISBN 978-3-86528-907-0

Wir bedanken uns für die freundlicherweise zur Verfügung gestellten Fotos bei:
Speisekammer der Fattoria La Vialla (S. 43 u.), MyZeil (S. 46 o.),
Alte Oper Frankfurt Restauration (S. 52/53), Kurhaus Gastronomie (S. 104/105)

Besuchen Sie uns im Internet:
www.umschau-verlag.de

Silke Martin studierte Literaturwissenschaft und Soziologie in Frankfurt am Main. Seit 2000 arbeitet sie als freie Autorin und Lektorin für Verlage und Unternehmen in ganz Deutschland. In dieser Zeit hat sie 20 Bücher zu den Themen Kulinarik, Lifestyle und Reise verfasst.

Ernst Wrba, Diplom-Fotodesigner, lebt und arbeitet seit 2005 in Wiesbaden. Seit den 1990er-Jahren hat er ein eigenes Bildarchiv aufgebaut. Für Buchverlage hat er bis heute über 80 Bildbände fotografiert.